高等学校人力资源管理实践教学系列教材

工作分析实训教程

李 丹 蒋定福 主 编

陆怡君 何岩枫 张晶晶 副主编

清华大学出版社

北 京

内 容 简 介

本书以基于仿真模拟的工作分析实训教学体系为基本框架,以基于仿真模拟的工作分析实训教学平台为依托,系统地讲解了工作分析的实务操作;以工作分析的流程为主线,从导论、工作分析准备阶段、工作分析调查阶段、工作分析的分析阶段、工作分析结果、工作分析结果的应用六个模块进行编写,整体教材在对这六个方面基础知识进行梳理的基础上,重点结合基于仿真模拟的工作分析实训教学平台,对各个模块进行针对性的实训操作。本书还以具体的企业案例为背景,以工作分析的总流程为导引,借鉴人力资源管理沙盘模拟的设计理念与经营规则,对工作分析的具体活动进行综合训练。

本书结构清晰,内容实用,图文并茂,兼具知识性和实践性,适合作为应用型高等院校及高职高专院校人力资源管理专业的教材或教学参考书,也可作为相关从业者的自学参考书及培训教材。

图书在版编目(CIP)数据

工作分析实训教程 / 李丹,蒋定福主编. —北京:清华大学出版社,2021.1

高等学校人力资源管理实践教学系列教材

ISBN 978-7-302-57007-3

Ⅰ. ①工… Ⅱ. ①李… ②蒋… Ⅲ. ①人力资源管理—高等学校—教材 Ⅳ. ①F241

中国版本图书馆 CIP 数据核字(2020)第 238000 号

责任编辑:刘金喜
封面设计:周晓亮
版式设计:孔祥峰
责任校对:马遥遥
责任印制:沈 露

出版发行:清华大学出版社

网 址:http://www.tup.com.cn,http://www.wqbook.com
地 址:北京清华大学学研大厦 A 座 邮 编:100084
社 总 机:010-62770175 邮 购:010-62786544
投稿与读者服务:010-62776969,c-service@tup.tsinghua.edu.cn
质 量 反 馈:010-62772015,zhiliang@tup.tsinghua.edu.cn

印 装 者:三河市中晟雅豪印务有限公司
经 销:全国新华书店
开 本:185mm×260mm 印 张:9.75 字 数:201 千字
版 次:2021 年 3 月第 1 版 印 次:2021 年 3 月第 1 次印刷
定 价:45.00 元

产品编号:086972-01

编 委 会

主 任：

杨河清　首都经济贸易大学教授

副主任：

刘　昕　中国人民大学教授

蒋定福　浙江精创教育科技有限公司总经理

委　员(按拼音排序)：

陈野	郭如平	郝丽	何岩枫	江永众	焦永纪
孔冬	兰兰	李丹	李海波	李丽萍	陆怡君
彭十一	史洁	孙华	田辉	田凤娟	王小艳
吴歧林	夏徽	叶晟婷	张晶晶	张永生	赵爽
赵瑜	赵欢君	周文彬			

◆ 丛书序

    人力资源管理作为我国高校经济管理类本科专业普遍开设的核心专业课之一，在教学中占有重要地位，具有很强的实践性和应用性。但是我国高校开设人力资源管理专业较晚，而且在教学等方面存在一些问题。因此，如何建设人力资源管理专业、提高人力资源管理专业实践教学质量、促进人才培养是各高校关注的焦点。

    随着我国经济调整结构、转型发展，如何深化产教融合，促进教育链、人才链与产业链、创新链有机衔接成为当前的重要课题。《国务院办公厅关于深化产教融合的若干意见》(国办发〔2017〕95号)等文件指出要进一步深化产教融合、产学合作，汇聚企业资源支持高校创新创业教育，促进高校人才培养与企业发展的合作共赢。2019年4月，教育部发布《实施一流本科专业建设"双万计划"的通知》，决定全面实施"六卓越一拔尖"计划2.0，启动一流本科专业建设"双万计划"，计划在2019—2021年建设1万个左右国家级一流本科专业点和1万个左右省级一流本科专业点。

    在此背景下，由国内领先的商科实践教学提供商——浙江精创教育科技有限公司组织全国高校人力资源管理专业教师，编写了全国首套人力资源管理实践教学系列教材。该系列教材围绕人力资源管理实践、实训教学这一条主线，采用"理论+实务/技术/工具+实训系统+实训案例"的展现形式，构建了一套全新、实用、符合新时代特征的高等学校人力资源管理实践教学体系。希望该系列教材能提升高校人力资源管理专业实践教学质量，促进高校人才培养。

    该系列教材以实训内容为主，涵盖人力资源管理六大模块内容，包括工作分析、人力资源规划、招聘与甄选、培训与开发、绩效管理、薪酬管理。无论是知识的广度还是深度上，力求实现专业知识理论和实务设计相结合，体现人力资源管理专业的应用性及实用性，可以满足各类本科院校、职业院校经管类专业相关课程设置的需要。该系列教材图书书目及相对应的教学平台如下表所示。

序号	人力资源管理实践教学系列教材	对应教学平台
1	人力资源规划实训教程	人力资源规划专业技能实训系统
2	工作分析实训教程	工作分析专业技能实训系统
3	招聘与甄选实训教程	招聘与甄选专业技能实训系统
4	绩效管理实训教程	绩效管理专业技能实训系统
5	薪酬管理实训教程	薪酬管理专业技能实训系统
6	培训与开发实训教程	培训与开发专业技能实训系统
7	人力资源管理综合实训教程	人力资源管理智能仿真与竞赛对抗平台
8	人力资源管理沙盘模拟实训教程	人力资源管理沙盘模拟系统

该系列教材具有以下 4 点特色。

(1) 内容全面，为人力资源课程教学提供全面服务。

该系列实训教材涉及人力资源管理专业课程各方面的内容，有人力资源规划、工作分析、薪酬管理、培训与开发、招聘与甄选等内容，有助于学生夯实基础，进行更深层次的学习，无论是本专业学习者还是从事本行业的人员，都能从书中获得启发。

(2) 框架简明易懂，在内容编排上，以实战训练内容为主线。

该系列教材紧密结合学科的教学特点，由浅入深地安排章节内容，每一章分基础知识和实战训练两部分内容。基础知识有助于学生掌握本章知识点；实战训练的目的是提高学生的学习兴趣，并帮助学生及时巩固所学知识。

(3) 教材内容与教学软件相结合，便于授课与理解。

该系列教材实战训练内容有专业的教学软件，教师授课可使用相关软件，实时指导学生，不仅便于教师授课，同时也便于学生理解，减轻教师的授课压力。学生也可以根据教师的教学目标进行自我训练，快速掌握相关知识。

(4) 设计以学生发展为目标的教学过程。

该系列实训教材在编排过程中减少了理论知识的灌输，把学生的发展作为最终目标。每本教材都设立一个贴近现实的案例，让学生在较为真实的情境下学习、思考，以便更快掌握人力资源管理在实际中的操作方法。

为了方便教学，该系列教材提供专业软件学习，包括 PPT 课件、案例、解析、学习资料等内容，若读者在使用该系列教材的过程中遇到疑惑或困难，可发邮件至 476371891@qq.com。

◆ 前　言

工作分析不仅是企业人力资源工作开展的基础，也是企业管理的源头，工作分析课程是人力资源专业的核心课程之一，是一门实践性很强的应用科学，是开拓企事业单位人力资源管理新局面的必修课程。本课程是对企事业单位组织目标、工作职责、员工特性进行有效分析的基础，通过课程的教学和实训，使学生掌握工作分析的基本概念和方法，掌握在工作分析中应该注意的关键因素，能够在充分、有效调研的基础上编写合理、科学的职务说明书和岗位规范。课程主要任务是要求学生掌握工作分析的方法及工作流程，具备正确运用工作分析及设计方法，掌握工作分析与应用之间的关系，使从业者具备设计组织结构、工作流程、撰写职务说明书的能力。

通过本课程的学习，预期教学达到的目标及能力如下：使学生了解工作分析与设计的有关理论和基本概念，明确工作分析的基本理论与基本知识；掌握组织层面的岗位分析，业务流程层面，岗位层面的工作分析的基本技能；掌握传统及现代的工作分析的方法。

作为人力资源管理专业的核心课程，工作分析是一门实践性和应用性很强的课程，其实践教学越来越受到重视。如何更好地开展实践教学，一直是工作分析课程教学中需要不断探索与解决的问题，本书正是编者对工作分析教学改革与创新的成果。本书构建了基于仿真模拟的工作分析实训课程教学体系，以该教学体系为指导，以基于仿真模拟的工作分析实训教学软件为依托，对导论、工作分析准备阶段、工作分析调查阶段、工作分析的分析阶段、工作分析结果、工作分析结果的应用 6 个模块进行知识梳理与实训操作，以加深学生对相关理论与知识的理解，同时能够正确、有效地开展企业工作分析的相关工作。在此基础上以具体的企业案例为背景，引入人力资源管理沙盘模拟的设计理念与经营原则，将各模块串联起来对企业的工作分析活动进行系统、连贯的综合训练，使学生完整地认识与熟练操作企业工作分析活动，做到"知行合一"。

本书共分为 6 章，具体介绍如下。

第 1 章分析了当前工作分析实训课程教学中存在的主要问题，构建了基于仿真模拟的工作分析实训教学体系，全面介绍了基于仿真模拟的工作分析实训教学平台。

第 2 章对工作分析准备阶段应做好的工作进行了梳理，重点对工作分析目的的确定、工作分析计划的制订、工作分析小组的组建，以及工作分析信息收集方法及类型的确定进行了实务操作说明。

第 3 章对工作分析的调查方法进行了介绍，重点对访谈法、工作日志法、问卷法进行实务操作说明。

第 4 章侧重介绍现代工作分析阶段的核心方法，对职能工作分析法、关键事件法、任务清单分析法、胜任力素质模型、O*NET 系统分析法、海氏三要素评估法的知识要点进行简要梳理，并进行实务操作说明。

第 5 章在对工作分析结果的知识要点进行简要梳理的基础上重点对工作描述、工作规范、工作说明书编制的方式进行实务操作说明。

第 6 章对工作分析结果的应用的知识要点进行简要梳理，重点对工作分析结果在绩效管理、招聘管理、培训开发管理、薪酬管理等人力资源领域应用的实施步骤和方法进行实务操作说明。

本书由李丹负责全书框架设计、编著、审核及统稿工作，蒋定福负责文稿的编写、修改和排版工作。内容编写的具体分工为：第 1、2 章由长春工程学院李丹编写，第 3 章由吉林工商学院陆怡君编写，第 4 章由莆田学院张晶晶编写，第 5 章由黑龙江大学何岩枫编写，第 6 章由嘉兴学院蒋定福编写。

在本书的编写过程中，杨燕、金雯婷等人帮助查询资料、校对稿件，分担了大量的基础工作。同时，本书的出版也得到了清华大学出版社编校人员的大力支持，在此深表感谢！在编写过程中，本书编者参考和借鉴了国内外专家、学者、企业家和研究机构的著作、期刊及相关网站资料，在此对他们表示诚挚的谢意！

为便于教学，本书提供学习软件、PPT 课件、案例、解析等教学资源，读者可通过扫描下方二维码获取。

由于时间仓促，加之编者水平有限，书中不足之处在所难免，敬请各位专家、同行、读者提出宝贵意见，以便不断修正和完善。

服务邮箱：476371891@qq.com。

教学资源下载

编　者

2020 年 9 月

目　录

第1章

导　论

工作分析是整个人力资源管理体系的基础，是人力资源专业的核心课程之一。本章从工作分析的教学入手，分析工作分析实践教学课程中遇到的困难，并提出了基于仿真模拟的工作分析实践教学体系的构建。本章最后着重介绍了基于仿真模拟的工作分析实训教学平台的设计思路、主要功能及系统操作。

1.1　工作分析课程概述

工作分析，又称为岗位分析、职务分析或职位分析，是指完整地确认某一特定的工作整体，确定完成这一工作所必须具备的资格和条件，并依此而进行的一系列工作信息收集、分析和综合的过程，以便为管理活动提供各种有关工作方面的信息。

一个组织的建立最终会导致一批工作的出现，而这些工作需要由适合的人员来承担。工作分析就是与此相关的一道程序，通过观察和研究，以及对工作内容与工作责任的资料汇集、整理和分析，可以确定该项工作的任务、性质和相对价值，清楚地掌握该项工作的固定性质和组织内各工作之间的相互关系，从而确定工作人员在履行职责时应具备的技术、知识、能力与责任，以及哪些类型的人适合从事这一工作。

工作分析的实质是研究某项工作所包括的任务、性质和责任(工作说明)及工作人员所必需的价值观、知识与能力(工作规范)，并区别于其他工作的差异，即对某一岗位工作的内容及有关因素做全面、系统、有组织的描写或记载。工作分析与人力资源管理的所有实践活动都密切相关。将在人力资源管理专业中开设有关工作分析内容的专业课程以完成整体的教学任务。

1.1.1　课程开设的任务及目的

工作分析课程是工商管理专业人力资源方向的专业核心课程之一，是一门实践性很强的应用科学，是开拓企事业单位人力资源管理新局面的必修课程。本课程是对企事业单位组织目标、工作职责、员工特性进行有效分析的基础。通过本课程的教学，使学生掌握工作分析的基本概念和方法，掌握在工作分析中应注意的关键因素，能够在充分、有效调研的基础上编写合理、科学的职务说明书和岗位规范。本课程主要任务是要求学生掌握工作分析的方法及工作流程，具备正确运用工作分析及设计的方法，掌握工作分析与应用之间的关系，具备设计定员标准、撰写职务说明书的能力。

通过本课程的学习，应达到的目标及能力如下：使学生了解工作分析与设计的有关理论和基本概念，明确工作分析的基本理论与基本知识；使学生掌握组织层面的岗位分析，业务流程层面，岗位层面的工作分析技能；掌握传统及现代的工作分析的方法；掌握组织层面岗位分析的成果的应用；掌握岗位说明书的制作流程和方法。

1.1.2　工作分析课程教学现状

1. 与工作分析课程配套的实训教学严重缺失

在人力资源管理专业的教学中，大部分的高校安排工作分析课程的教学学时在 40 学时左右，工作分析课程实训及实践教学学时的占比远低于理论教学学时的占比，在整个课程总学时中的占比不超过 20%。工作分析课程学习过程比较枯燥无趣，理论教学时间紧，实训教学学时过低，这大大降低了工作分析课程的趣味性，同时削弱了课程的实践性与操作性，也导致学生在考核阶段机械地背诵一些理论知识以应付考试，实际动手能力差。

2. 缺少有效的工作分析实训教学手段

目前，工作分析的实训及实践教学基本采用情景模拟教学，针对的是综合型实训项目，如运用访谈法收集信息和资料、运用观察法确定工作动作等。这种实训教学形式对于学生实践能力与职业能力的培养都起到了一定的作用。但是在教学实践中，情景模拟会受场地、人员及其他设备等各种因素制约，所能创设的情景也是有限的。从目前来看，专门针对工作分析课程的实训教学平台还不多，所以构建一个能够让学生参与从工作分析的准备、实施到成果展示的实训平台就迫在眉睫。

1.2　基于仿真模拟的工作分析实训课程教学体系的设计

合理有效地开展工作分析实训课程教学的基础是构建一套能满足教学需要与人才培养目标要求的实训教学体系。基于当前的工作分析课程教学中所存在的问题，工作分析课程计划实施多校联合编写实训教程，构建基于仿真模拟的工作分析实训课程教学体系。

1.2.1　基于仿真模拟的工作分析实训课程教学体系构建的指导思想

工作分析是人力资源管理工作的基础，是全面、系统地介绍有关工作岗位分析的基本理论知识、传统及现代的方法与技术的课程。课堂的讲解式教学侧重基本理论知识的讲解，而工作分析的能力与学生未来的从业素养的培养就需要依赖实训教学环节完成。传统的实训教学内容不论是情景模拟还是现场观察等方法都是支离破碎没有形成完整的实训系统，不能充分凸显工作分析课程的应用性与实践性的特点。因此，迫切需要构建以实用型人力资源管理专业人才培养目标为导向，以能够顺利从事企业人力资源管理岗位的职业能力和职业素养为切入点，以企业工作分析的流程和工作重点为线条的基于工作分析实训课程体系。

1.2.2　基于仿真模拟的工作分析实训课程教学体系构建的目标定位

1. 认真做好理论教学，奠定扎实的理论知识体系

任何一门专业课程的教学最基本的教学目标就是让学生掌握该课程的理论体系与理论知识。但是如何使学生真正掌握并固化课程的理论知识，就需要一定的实现方式。课堂讲授固然是必要的，但是通过课堂讲授获得的知识容易停留于表象，易得也易失，只有将知识转化为能力，才能得以固化。使学生掌握的理论知识转化为能力的关键途径就是实践，实训教学就是提供给学生尽可能多的实践机会。

基于仿真模拟的工作分析实训课程体系将实训内容分解为具体的实训项目。首先，通

过工作分析的总体流程来引导学生对工作分析的实操在宏观上的认识，让学生明确工作分析需要哪些准备，工作分析将如何进行调查收集信息；其次，重点对学生进行工作分析方法的训练，包括职能工作分析法、关键事件法、任务清单系统法等，结合典型案例，让学生熟练掌握工作分析的具体方法在企业实操中的运用；最后是工作分析的结果，全面系统地向学生展现出工作规范、工作描述等内容，同时加入编制工作说明书的具体操作流程，加深学生对工作分析结果的认识。通过实训，不仅能够加深对理论知识的理解，还能在此基础上夯实理论知识。

2. 通过实训具体操作，提升学生工作分析的专业技能

工作分析作为人力资源管理专业的核心课程，培养和提高学生的专业技能是其核心目标。基于仿真模拟的工作分析实训课程教学体系紧紧围绕着组织层面、工作层面、员工个人层面的工作分析，从工作分析的准备阶段、工作分析的调查阶段、工作分析的分析阶段、工作分析的结果及结果的应用等方面展开具体的实训。每一具体的实训模块来源于企业工作分析活动中的具体工作内容。同时，基于仿真模拟的工作分析实训课程教学体系设计更强调工作分析各流程之间的有机衔接和模块联系。在实训教学中，借助有效的实训教学平台，为学生模拟各类型企业组织及人员工作分析的实例和场景，引导学生主动探索学习，投入训练，使学生的工作分析实践技能和信息收集、工作方法的掌握及工作说明书的制作等关键能力得到发展，最终实现理论知识到专业技能的转化。

3. 提升从业者的职业素养

人力资源管理专业培养的应用型高级人才不仅要专业知识基础扎实，专业技能过硬，同时，更要具备良好的职业素养。高等教育要把学生职业素养的培养融入学校教育的各个环节中，实训教学环节尤其关键。基于仿真模拟的工作分析课程教学体系构建立足于人才培养计划，在实训教学体系的设计与运行中，不仅要有助于学生专业技能的训练与提高，更要把学生职业素养的培养与提升作为实训教学的终极目标。

1.2.3　基于仿真模拟的工作分析实训课程教学体系的内容构成

1. 工作分析

工作分析是以企业中各类劳动者的工作岗位为对象，采用科学的方法，经过系统的岗位调查，收集有关工作岗位的信息及进行科学的岗位分析、评定，制定出岗位规范、工作说明书、岗位分类图等各种人力资源管理文件，为员工招聘、调配、考核、培训、升降、

奖罚及劳动报酬等提供客观依据。

工作分析的特征：以岗位为基本出发点；是一个系统的调查、分析、评价的过程；要求企业全员参与；是一个动态过程。

2. 工作说明书

工作说明书是用文件形式来表达工作分析的结果，是关于工作是什么及工作任职者具备什么资格的一种书面文件。其基本内容包括工作描述和任职说明。工作描述一般用来表达工作内容、任务、职责、环境等，而任职说明则用来表达任职者所需的资格要求，如技能、学历、培训、经验、体能等。

3. 岗位设置

岗位设置也称"定岗"，是设计组织中承担具体工作的岗位。

4. 工作分析的流程

工作分析的流程大体上分为5个阶段，即需求分析阶段、准备阶段、调查阶段、整理与分析阶段、完成阶段，具体如图1-1所示。

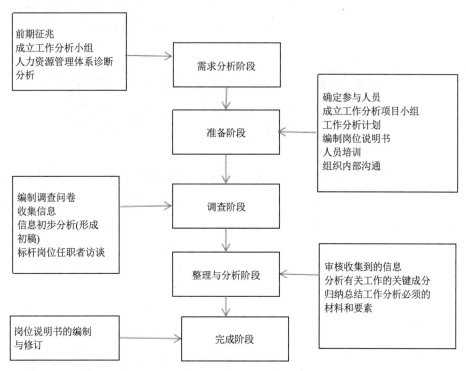

图1-1　适合中国企业的工作分析流程

工作分析实训课程以工作分析的理论体系为框架，以工作分析的工作流程为线索，包含工作分析准备阶段、工作分析调查阶段、工作分析阶段、工作分析结果、工作分析结果应用五个子模块，每一个子模块基于特定的实训目标而下设若干实训项目，如图1-2所示。在基础实训前，教师需要先对各个子模块的基本理论与知识要点进行讲解与梳理。在基础实训环节，以教师为引导，以学生为主体，基于特定的案例背景，对工作分析的各个环节进行实操训练。通过各个模块与项目的训练，加深学生对相关理论与知识的理解，同时能够正确、有效地开展企业工作分析的具体工作。

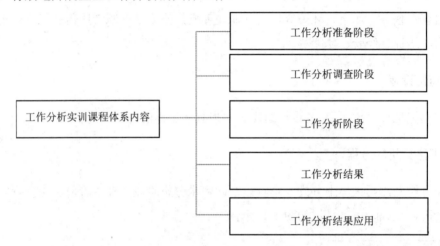

图1-2　基于仿真模拟的工作分析实训课程教学体系的内容构成

1.3　基于仿真模拟的工作分析专业技能实训系统概述

有效的实训教学离不开必要的教学形式、教学手段与教学资源。在高校信息化建设力度越来越大，互联网+教学模式越来越被重视的大背景下，我们需要有效整合教学形式、教学手段与教学资源，并建设集系统性、实战性与趣味性于一体的综合实训系统。

1.3.1　系统概述

1. 系统简介

管理员端包括教师管理、数据备份与学习中心三个模块，其主要任务是为教师与学生创建一个良好的教学氛围。教师端包括教学任务管理、案例管理、学习中心三个模块，其主要任务是对实训教学进行有效的管理与指导。学习中心模块包含了招聘相关知识点、视频资料、教学案例等素材，学生可在学习中心查看各类教学素材。学生端的主要任务是给学生创设良好的学习与实训平台，使学生得以巩固知识、锻炼技能，并提升职业素养。学生根据教师所提供的案例内容，学习和训练工作分析的相关内容。

2. 设计思路

精创教育科技有限公司《工作分析专业技能实训系统》设计的基本思路是采用仿真模拟的方式让学生了解培训相关知识。其核心追求不再仅是把教师掌握的现有知识技能传递给学生，而是为学生提供一个能够自主实践操作的平台，通过分析准备、调查方法、资料分析、分析结果、结果应用等方面进行公司工作分析的学习与了解。因此可以说该系统是一个理论与实践相结合的操作平台。

本系统采用 ASP.NET(C#)技术开发，分层结构开发模式，系统后台数据设置灵活，教师可以根据需要设置各种实验案例。本系统的最大特色是数据的量化、充满竞争和互动性、灵活的后台控制能力及寓教于乐的开发设计。

学生可以在教师设置的参数环境下，根据工作分析的流程结合学习内容和案例，通过案例分析和练习的方式，巩固教学内容，并对企业工作分析流程有一定的了解。在操作过程中，学生可以通过小组讨论的方式，完善答案。操作该系统时，学生需主动思考，积极寻找问题的解决方案，这样才能在乐趣学习的环境中获得更多的成果。

3. 系统安装要求

服务器端要求：Windows 2008 Server 操作系统环境下安装本软件。

客户端要求：Windows 各种操作系统，Internet Explorer 6.0 以上版本。

软件采用 SQL Server 2008 数据库和 IIS 6.0。把应用程序文件夹放到 C:\Inetpub\wwwroot 目录下，在控制面板→管理工具→Internet 信息服务中将系统程序设置为应用程序；再到 SQL Server 2008 中附加数据库即可。

4. 系统登录

在浏览器中输入学校服务器名称或 IP 地址，按 Enter 键进入"工作分析专业技能实训系统"的登录界面，如图 1-3 所示。

图1-3 "工作分析专业技能实训系统"的登录界面

1.3.2 管理员端功能介绍

1. 管理员端登入

输入管理员账号和密码，选择管理员端，单击登入，如图 1-4 所示。

图 1-4 管理员登录端

2. 管理员权限

登入管理员端后，管理员具有以下权限：教师管理、数据备份、学习中心，如图 1-5 所示。

图1-5 管理员端

3. 教师管理

(1) 单击"教师管理"按钮，进入"教师管理"界面，单击左上角的"添加"按钮，如图 1-6 所示。

图1-6　教师管理界面

(2) 在弹出的窗口中添加新的教师信息，填写完成后单击"确定"按钮生成教师信息，如图 1-7 所示。

图 1-7　生成教师信息

(3) 在需要删除的显示条目前打钩，单击"删除"按钮，可以删除教师信息，如图 1-8 所示。

图1-8　删除教师信息

(4) 单击系统右上角的"修改信息"按钮，修改管理员账号信息。修改完成后，单击"确定"按钮保存修改。单击"取消"按钮，不进行修改，如图1-9所示。

图1-9　修改管理员信息

(5) 填写用户具体信息，单击"确定"按钮，用户信息生成，即可开始正常系统操作，如图1-10所示。

图1-10　填写用户具体信息

4. 备份

(1) 在"备份"界面，单击"备份"按钮，在弹出的窗口中输入备份名，单击"确定"按钮，即可保存当前数据为备份，如图1-11所示。

图1-11　备份数据

(2) 对备份数据进行确认，单击"确定"按钮，备份资料形成，如图1-12所示。

图1-12 备份资料

(3) 在需要删除的显示条目前打钩，单击"删除"按钮，可以删除备份信息，如图 1-13 所示。

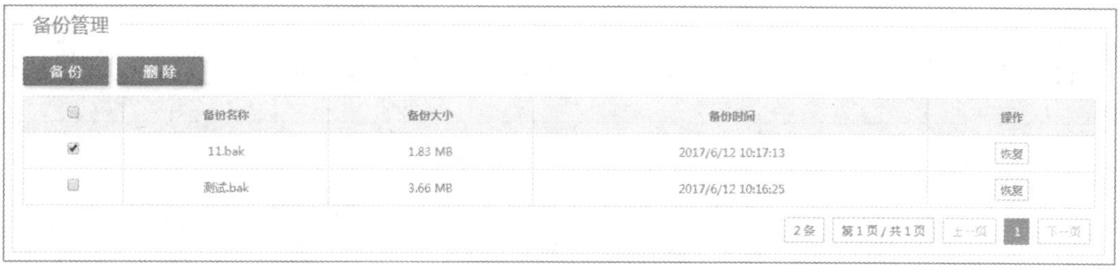

图1-13 删除备份信息

(4) 对于已建立的备份，单击右侧"恢复"按钮，可以恢复备份数据，如图 1-14 所示。

图1-14 恢复备份数据

1.3.3 教师端功能介绍

1. 教师端登入

输入教师账号和密码，选择教师端，单击登入。教师端用于创建教学任务、选择教学案例、初始化教学数据和添加学习资料，如图 1-15 所示。

图1-15　教师端

2. 任务管理

(1) 单击"任务管理"按钮进入任务管理界面，如图1-16所示。

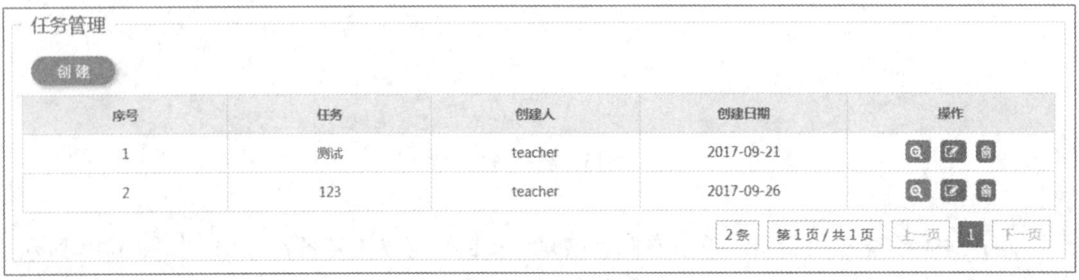

序号	任务	创建人	创建日期	操作
1	测试	teacher	2017-09-21	🔍 ✏ 🗑
2	123	teacher	2017-09-26	🔍 ✏ 🗑

图1-16　"任务管理"界面

(2) 单击"创建"按钮，创建新的教学任务。输入教学任务名称、用户前缀、学生人数、每组讨论小组人数，选择总案例，填写完后，单击"确定"按钮完成教学任务的创建，如图1-17所示。

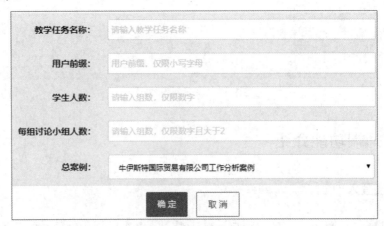

图1-17　创建教学任务

(3) 对于已新建的教学任务可以进行查看学生信息，以及修改和删除操作，如图 1-18 所示。

序号	任务	使用案例	创建人	创建日期	任务状态	操作
1	ZH	牛伊斯特国际贸易有限公司工作分析案例	Teacher	2020-06-01	进行中	🔍 ✏ 🗑 ⬇

图1-18 教师操作

(4) 在创建好教学任务以后，单击新创建好的任务右边的"查看"按钮，可以进入学生管理界面。在学生管理界面，可以修改学生信息、下载实验报告、查看学习进度，如图 1-19 所示。

	序号	姓名	账号	密码	操作
☐	1	ZH1	ZH1	111	✏ 🔍 📋 ⬇
☐	2	ZH2	ZH2	111	✏ 🔍 📋 ⬇
☐	3	ZH3	ZH3	111	✏ 🔍 📋 ⬇
☐	4	ZH4	ZH4	111	✏ 🔍 📋 ⬇
☐	5	ZH5	ZH5	111	✏ 🔍 📋 ⬇

学生管理
<<返回　　📥批量下载

图1-19 "学生管理"界面

(5) 对学生信息进行修改，输入账号及密码后，单击"确定"按钮，如图 1-20 所示。

图1-20 修改学生信息

(6) 单击"查看"按钮，可以看到该学生的学习进度，如图 1-21 所示。

图1-21 查看学习进度

(7) 单击新建好的任务右侧的"修改"按钮，在弹出的窗口中修改任务名称，单击"确定"按钮保存修改，如图 1-22 所示。

图1-22 修改任务名称

(8) 单击新建好的任务右侧的"删除"按钮，可以删除该教学任务，单击"确定"按钮，进行删除操作，如图 1-23 所示。

图1-23 删除教学任务

3. 案例管理

(1) 单击"案例管理"按钮，可以查看、添加所需案例。单击左上角的"创建"按钮上传案例，在弹出的窗口中输入案例名称，单击"确定"按钮，完成案例创建任务，如图 1-24 所示。

序号	案例名称	创建人	创建日期	操作
1	CN公司工作分析案例	--	2018-01-20	
2	牛伊斯特国际贸易有限公司工作分析案例	--	2018-01-20	
3	鑫海信息产业有限公司工作分析案例	--	2018-01-20	

图1-24 创建案例

(2) 创建好新的空案例之后，可以对该案例进行案例编辑、案例名称修改和删除操作(已有的模板案例只能查看)，如图 1-25 所示。

序号	案例名称	创建人	创建日期	操作
1	CN公司工作分析案例	--	2018-01-20	
2	牛伊斯特国际贸易有限公司工作分析案例	--	2018-01-20	
3	鑫海信息产业有限公司工作分析案例	--	2018-01-20	
4	爱丽斯有限责任公司工作分析案例	Teacher	2020-06-15	

图1-25 案例编辑、修改、删除

(3) 单击"编辑"按钮，在案例编辑中，修改案例。

(4) 单击"删除"按钮，可以删除已有案例(除模板案例外)，如图 1-26 所示。

图1-26 案例删除

4. 学习中心

单击"学习中心"按钮，再单击"添加"按钮，在跳出的弹框中填写资料名称和备注，并添加学习资料相关文字、图片、视频等，单击"确定"按钮完成操作，如图 1-27 所示。

序号	名称	备注	上传者	上传时间	操作
1	工作分析结果——心理图示法	无	admin	2018-11-12 17:34:55	🔍
2	工作分析结果——工作描述	无	admin	2018-11-12 17:33:35	🔍
3	人事表格汇总目录	无	admin	2018-11-12 17:30:53	🔍
4	问卷调查法	无	admin	2018-11-12 17:23:53	🔍
5	目标管理与绩效考核	无	admin	2018-11-12 17:22:58	🔍
6	海氏三要素	无	admin	2018-11-12 17:18:46	🔍
7	工作分析的方法	无	admin	2018-11-12 17:14:33	🔍
8	关键事件法综述	无	admin	2018-11-12 17:10:31	🔍
9	关键事件法	无	admin	2018-11-12 17:10:00	🔍
10	工作分析三种常用方法	无	admin	2018-11-12 17:05:18	🔍

图1-27 学习中心

1.3.4 学生端功能介绍

教师创建好教学任务后，学生端可登入并操作。输入学生账号和密码，选择学生端，单击登入，如图 1-28 所示。

图1-28 登入学生端

第 2 章

工作分析准备阶段

工作分析中的准备阶段需要重点解决以下几个方面的问题：明确工作分析的目的和原则；界定工作分析的范围；制定工作分析的阶段目标和侧重点；制定工作分析的总体实施方案；收集与工作分析相关的背景资料；确定所要收集的信息类型；选择收集信息的方法；建立工作分析小组。

工作分析小组担负着执行工作分析计划、完成工作分析、撰写工作说明书、汇总工作说明书、编辑成册的职责。工作分析小组由三部分人员构成：一是工作分析专家，二是直线主管，三是任职者。

2.1 基础知识

一般来说，当一个组织出现下列情况时，就表明需要快速开展工作分析：当明显发现组织的有效运行受到阻碍；组织发生了变革，或者组织引入了新的工艺流程或新的创新技术；组织的人力资源管理的各项工作缺乏依据或基础性的信息。以上情况给企业管理者发出了预警信号——企业应快速进行企业诊治，开展工作分析的工作，工作分析的准备工作顺势拉开了序幕。

工作分析准备阶段的主要任务是了解情况，建立工作分析小组、明确工作分析的目的和意义、确定分析的对象，并与相关部门和相关人员建立起良好的工作联系，因为工作分析人员在进行分析时，要与各工作现场或员工接触。这一阶段要解决的问题有：明确工作分析的总目标、总任务和工作分析的目的；建立工作分析小组；确定工作分析的对象；与有关单位和人员建立起良好的工作关系。

2.1.1　工作分析的目标

工作分析的目标直接决定了进行工作分析的侧重点，以及在进行工作分析的过程中需要获取哪些信息和用什么方法获得这些信息。工作分析的目标不同决定了收集信息时的侧重点也不同。

1. 工作分析目标的确定

确定明确的工作分析目标是工作分析工作的起点，该项工作从以下三个层面进行分析。

(1) 从企业战略管理的宏观角度考虑，对组织运行环境进行分析，构建适合企业发展阶段的组织结构图。

(2) 从工作内容的角度考虑，进行工作分解，设计合理的工作流程图。

(3) 从微观的角度，也就是从工作者个人的角度进行分析，解决以下六个方面重要的问题。

第一，在员工要完成的工作任务当中，哪些属于体力劳动的范畴，哪些属于智力劳动的范畴？(What)

第二，工作任务要求在什么时候完成？(When)

第三，工作任务要求在什么地方完成？(Where)

第四，员工该如何完成该项任务？(How)

第五，为什么这项工作就要求这样做？(Why)

第六，从事这项工作的员工应该具备哪些资质条件？(What qualifications)

2. 工作分析预期完成的成果

工作分析预期包括三种典型的成果：企业的组织结构图、企业的工作流程图、工作岗位说明书，这些成果在实际工作中会起到以下作用。

(1) 对各种特定工作进行如实描述，正确认识这些工作；促使工作的名称与含义在整个组织中表示特定而一致的意义，实现工作用语的标准化；为改进工作方法积累必要的资料，为组织的变革提供依据。

(2) 对工作进行设计或再设计，构建合理的组织结构图及工作流程图，编制或修订工作说明书；确定工作要求，以建立适当的指导与培训内容。

(3) 明确对工作的岗位任职者资格、素质的要求，制定招聘标准和招聘测试方案；确定员工录用与上岗的最低条件，辨明影响安全的主要因素，以及时采取有效措施，将危险降至最低。

(4) 制订有关工作任职者的培训计划，提高培训的针对性和培训效果。

(5) 明确工作任务、职责、权利及其与相关工作的关系，杜绝争权和推诿责任，实现协调合作。

(6) 进行工作比较，平衡薪资待遇，实现公平公正；获得有关工作与环境的实际情况，利于发现导致员工不满、工作效率下降的原因。

(7) 工作绩效评价，提高评价的客观性、公正性等。为制定考核程序及方法提供依据，以利于管理人员执行监督职能及员工进行自我控制。

3. 工作分析系统的设计倾向

1) 工作倾向性工作分析

工作倾向性工作分析系统侧重于分析提供产品和服务所需要的任务和行为，如 FJA(职能工作分析)、TI/CODAP(任务清单/综合职业数据分析系统)、WPSS(工作执行调查系统)、OMS(职业测定系统)等，以工作本身为工作分析的出发点和落脚点。

2) 人员倾向性工作分析

人员倾向性的工作分析系统强调成功完成任务和行为所需的个体工作者的知识、经验、技能、能力、天赋和性格特征等，如 PAQ(职位分析问卷)、CIT(关键事件法)、JEM(工作要素法)、BCM(行为一致性分析法)等，通过了解任职者的潜质、能力和工作中表现出来的人格性向特征来了解工作。

2.1.2　工作分析实施计划

工作分析实施计划是工作分析工作的开始，一份完整的、调研充分的计划是工作分析成功的基本保障和扎实基础。预期保证工作分析计划的有效制订，应从说明组织实施工作分析的背景、确定工作分析的目的和所侧重信息的类型、收集和分析有关背景资料、选择典型工作、确定需要收集的信息及收集信息的方法、组织及人员方面的准备、工作分析的实施程序七个方面开展具体的工作。

工作分析的总体实施方案包含的内容如表 2-1 所示。

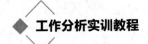

表2-1　工作分析的总体实施方案包含的内容

工作分析的总体实施方案包含的内容	说明组织实施工作分析的背景
	确定工作分析的目的和所侧重信息的类型
	收集和分析有关背景资料
	选择典型工作
	确定需要收集的信息及收集信息的方法
	组织及人员方面的准备
	工作分析的实施程序

2.1.3　工作分析小组

在工作分析小组的构成上，除了工作分析人员以外，一般会由企业高层领导任组长，而且核心部门的负责人也会参与进来，以使工作分析在组织内获得最大限度的支持。

1. 成立工作分析筹备小组

工作分析筹备小组由公司高层主管领导牵头组建，其他成员包括人力资源部经理、主管及其他部门经理。工作分析人员通常有三种类型：工作分析专家类(咨询顾问)、直线主管类和任职者类，每一类人员都不可缺少，他们在工作过程中都承担着重要的角色。

1) 组织高层管理者的角色

(1) 根据组织发展的状况，提出工作分析的必要性，并在组织内发起工作分析。

(2) 发布政策陈述、指示和进行其他沟通，向组织内传递有关信息，倡导工作分析过程。

(3) 为执行工作分析的多方面工作授权，在组织内安排相应的工作人员以协调、组织工作分析过程。

(4) 为实施计划建立时间框架，为工作分析过程明确时间要求。

(5) 工作分析中，有可能发现一些平时难以解决的问题，或者出于工作分析的进程与工作需要进行协调。

2) 直线管理人员的角色

(1) 在需要的情况下，协助人力资源专家实施工作分析计划。

(2) 在必要的情况下参加工作分析，为工作分析提供相关的信息。

(3) 与涉及工作分析的员工沟通，增强员工对工作分析过程的认可度。

3) 专业工作分析者的角色

(1) 根据工作分析的目的和预期结果，开发信息收集方法，以最有效的方法获得所需信息。

(2) 在调查阶段收集数据、信息，分析所获结果。

(3) 提供解决问题的方案。根据实际工作的进展，遇到问题时需要工作人员能从人力资源专业人士的角度研究和开发可达目的的因素，提供解决问题的方案。

4) 直接任职者的角色

(1) 参加数据收集。

(2) 在公司政策允许的情况下，参与工作说明书草案的制定。

5) 人力资源部的相关人员

编写岗位分析培训材料、组织岗位分析培训工作；设计工作分析问卷、设计岗位说明书模板；收集企业现有工作分析基础性资料；岗位分析培训；修改、确定岗位说明书。

人力资源部作为工作分析工作的责任部门，其工作分析专员除了完成以上专业方面的工作外，还需要承担相应的在全公司范围内全面组织工作分析工作，如组织工作分析问卷填写回收工作、为相关人员答疑解惑等。

工作分析工作中各类人员工作重点统计表如表 2-2 所示。

表2-2　工作分析工作中各类人员工作重点统计表

部门经理	专业人力资源人员	员工
· 参与战略计划的制订和机构的改革 · 与人力资源部经理一起确定是否需要对岗位进行分析或再次分析 · 协助决定谁应当进行岗位分析及岗位分析的目的 · 协助确定在职者参与岗位分析 · 通过面谈和问卷调查参与岗位分析 · 促进在职者参与岗位分析	· 参与战略计划的制订和机构的改革 · 向部门经理和员工宣传岗位分析的重要性 · 与部门经理一起确定是否需要对岗位进行分析或重新分析 · 发挥作为岗位分析专家的作用，或者帮助挑选外面的专家来进行岗位分析 · 确保部门经理和员工意识到法律问题的重要性 · 与部门经理和员工一起制定及更新岗位说明 · 随时了解在岗位分析及能力模式方面的新技术和变化趋势	· 参与战略计划的制订和机构的改革 · 理解岗位分析的目的和重要性 · 当岗位的重大变化表明需要进行岗位分析或重新分析的时候，帮助部门经理认识到这一点 · 提供岗位分析过程的精确信息 · 适应岗位分析性质变化的情况，并且愿意表明从事新岗位工作的灵活性 · 使用岗位分析的结果来制订职业发展计划和决定岗位的选择 · 理解岗位分析、能力模式和其他人力资源管理做法之间的关系

2. 工作分析项目组的组建原则

稳定的人员队伍及工作团队是工作能够正常进行的基本保障，构建团队时应遵循以下基本原则。

1) 人员稳定

建立稳定的工作分析小组队伍，是工作分析的基础。在工作分析期间，小组应该成立一个临时的矩阵式组织，所有小组成员有固定的办公地点，按时完成每天的工作任务。

2) 人员多样性

小组成员来自人力资源部、外聘的第三方专家、需进行职位分析的岗位直属直线领导、该岗位从业者等多方面，各小组成员技能互补，协调一致，保证收集到完整的信息及后续工作分析工作顺利开展。

3) 职责明确

各小组成员依据职位特点进行明确分工，分工合作，保质保量完成既定的工作分析工作。

4) 工作规范

工作分析的规范工作是对信息的收集及数据的有效处理，形成规范的职责描述及岗位职责。

3. 工作分析人员应具备的条件

在人员选择过程中，我们应明确人员选择的基本要求：工作分析的参与者应具有人事管理、心理学的一般知识，对工作分析的技术与程序比较了解；掌握观察、面谈、记录等技巧；具备较强的文字表达能力；有关于被分析的工作常识；有较强的责任心、耐心；有良好的理解力、记忆力和分析能力；有获得他人信赖与合作的能力。

注意：

在对工作分析人员进行选择和匹配时，要对整个组织的工作分析活动有一个通盘考虑；要明确小组成员各自的职责；人员数量视情况而定。

4. 工作分析小组成员需获得相关人员的认可

为了保证工作分析工作的顺利进行，工作分析小组成员必须得到高层领导的认可、职能部门管理者人员的支持、企业员工的理解。各部门人员信任并有意愿配合工作分析小组人员的工作，工作过程就能顺利有效地进行。

2.1.4　有效收集信息

有效信息的收集是工作分析准备阶段要完成的核心任务，要保证收集信息的时效性和有效性就需要对信息收集者的从业能力、信息收集的侧重点做明确要求和判定。

1. 工作分析信息收集者应该具有的素质和能力

工作分析过程中，信息收集者的工作能力和工作素质对工作分析的准确性起到了至关重要的作用。工作分析信息收集者应具备以下素质和能力。

(1) 一定的人力资源管理专业理论素质。

(2) 一定的业务知识，熟悉业务操作流程。

(3) 良好的人际沟通能力。

(4) 良好的逻辑分析和概括能力。

(5) 良好的文字表达能力。

(6) 良好的心理素质。

在考虑工作分析者的人选时，用非专家的方法来收集资料，特别要发动和依靠各个层次的管理人员，分派他们分析所管辖区域的工作。这样做有两个明显的好处：其一是可以节省工作分析的费用；其二是可以加强管理人员的责任感，提高管理的效果。管理人员需钻研自己的工作，因而会把工作分析技术应用到日常活动中，把审查工作、了解工作方法和工作人员自觉地纳入日常工作议程中。

2. 工作分析数据收集的侧重点

1) 基于组织层面的工作分析

从企业的角度来看，侧重于从宏观层面进行分析与研究，其研究的对象包括企业的组织结构、业务流程和岗位体系。

2) 基于岗位层面的工作分析

侧重于从组织的微观角度即具体的岗位出发，通过系统分析的方法来确定具体岗位的职责、工作范围及胜任此岗位工作所需要的知识和技能的过程。

2.1.5　信息收集的内容

工作分析的过程是收集工作信息的过程。收集工作信息的方法多种多样，能够收集工作信息的人的类型也不同，一般来说，通常有三种类型，即工作分析专家、工作任职者、任职者的上级主管。收集和分析有关的背景资料包括职业分类标准、组织中的有关资料、现有的工作说明书或工作描述资料等。

1. 确定工作信息收集的范围与内容

从基本上讲，工作分析所需信息主要从工作活动，工作中使用的机器、工具、设备、辅助设施和材料，工作条件，对任职者的要求，工作衡量标准几方面收集。

1) 工作活动

工作活动包括：工作任务的描述及与其他工作和设备的关系；进行工作的程序；承担这项工作所需要的行为、动作与工作的要求。

工作任务的描述主要从以下几方面收集：工作任务是如何完成的？为什么要执行这项任务？什么时候执行这项任务？

2) 工作中使用的机器、工具、设备、辅助设施和材料

该信息包括：使用的机器、工具、设备和辅助设施的清单；应用上述各项加工处理的材料；应用上述各项生产的产品；应用上述各项完成的服务。

3) 工作条件

工作条件包括以下几项内容。

(1) 工作环境。包括：是否接触高温、粉尘、噪声和有毒等环境；工作是在室内还是户外；室内采光、通风等情况。

(2) 组织的各项有关情况。

(3) 社会背景。

(4) 工作进度安排。

(5) 激励(财务和非财务的)。

4) 对任职者的要求

对任职者的要求包括与工作有关的特征要求、特定技能、工作经验、教育背景、身体特征。对员工的任职要求包括与工作有关的特征要求、特定的技能、特定的教育和训练背景、与工作相关的工作经验、身体特征、工作态度。

5) 工作衡量标准

工作衡量标准包括员工工作过程中的劳动行为规范、工艺操作规范、安全操作规范、劳动定额标准、工作质量要求。

2. 工作分析信息的来源

工作分析信息的来源渠道主要包括书面资料、任职者的报告、同事的报告、直接的观察等。

2.1.6 信息收集的方法

对工作信息进行分析就是将利用各种信息收集方法所收集到的信息进行统计、分析、研究、归类的一个过程。对工作信息进行分析是为了获得各种规范化的信息，如重点工作项目、任职资格要求、工作族等，并最终形成格式统一的工作说明书。

下面是几种最为常见的工作信息收集方法。

1. 访谈法

访谈法又称为面谈法，是指工作分析员就某项工作面对面地询问任职者及其主管，以及专家等对工作的意见或看法。访谈法包括结构化访谈和非结构化访谈。

访谈法的优点是：能够简单而迅速地收集工作分析资料，适用面广；由任职者亲口讲出工作内容，具体而准确；由于工作者自身有长期的工作体会，因此这种方法可以使工作分析了解短期的直接观察不容易发现的问题。访谈法的缺点是：工作分析经常是调试薪酬的序幕，因此员工容易把工作分析看作变相的绩效考核，而夸大其承担的责任和工作的难度，这就容易引起工作分析资料的失真，工作者会不信任工作分析人员，也会怀疑其动机；同时，分析人员的问题也可能会因不够明确或不够准确而造成误解，因此，面谈法不应该作为工作分析的唯一方法，而应与其他方法配合使用。

2. 问卷调查法

问卷调查法是通过让被调查职位的任职者、主管及其他相关人员填写调查问卷来获取工作相关信息的方法。问卷调查操作程序简单，成本较低，因此大多数组织都采取此方法来收集工作相关信息。问卷法分为结构化问卷和非结构化问卷。

3. 职务分析问卷(PAQ)、临界特质分析系统(TIAS)、管理人员职务描述问卷(MPDQ)

具体的方法在后续章节中会有详细讲解。

4. 观察法

观察法是一种传统的工作分析方法，指工作分析人员直接到工作现场，对某些特定的工作活动进行观察，收集、记录有关工作的内容、工作间的相互联系、人与工作的关系，以及工作环境、条件等信息，并用文字或图表形式记录下来，然后进行分析和归纳总结的方法，分为直接观察法、自我观察法(工作日志)、工作参与法、结构化观察法、非结构化观察法。工作分析人员观察所需要分析的工作的过程，以标准格式记录各个环节的内容、原因和方法，这可以系统地收集一种工作的任务、责任和工作环境方面的信息。

观察法的优点是：工作分析人员能够比较全面和深入地了解工作的要求，适用于工作内容主要是由身体活动来完成的工作，如装配线工人、保安人员等。观察法的缺点是：不适用于脑力劳动成分比较高的工作和处理紧急情况的间歇性工作，有些工作包括许多思想和心理活动、创造性和运用分析能力，如律师、教师、急救站的护士等，这些工作就不可使用直接观察法。观察法最好与面谈法结合使用。

5. 工作日志法

工作日志法要求任职者在一段时间内实时记录自己每天发生的工作，按工作日的时间记录下自己工作的实际内容，形成某一工作岗位一段时间以来发生的工作活动的全景描述，使工作分析员能根据工作日志的内容对工作进行分析。工作日志法的主要用途是作为原始工作信息搜集方法，为其他工作分析方法提供信息支持，特别是在缺乏工作文献时，日志法的优势尤为明显。

6. 工作信息收集的其他方法

工作信息收集的其他方法有参与法、文献资料分析法、专家讨论法等。

2.2 实战训练

工作分析准备阶段从六个方面完成实训，主要包括工作分析的目的确定、制订工作分析实施计划、组建有效的工作分析小组、收集分析相关资料、分析信息收集的类型、确定收集信息的方法。在整个准备阶段的工作中，学生将通过软件模拟真实的企业工作分析环节，全面系统地掌握准备阶段的工作流程和工作重点，弥补理论教学的不足。

每一项内容均需单击进入完成相关任务，可通过单击主界面按钮和侧边栏按钮进入相应模块，如图 2-1 所示。

图2-1　工作分析的准备阶段

进入系统后，单击"背景案例"按钮，查看并分析案例内容、完善个人信息，如图 2-2 所示。

图2-2　背景案例

2.2.1　明确工作分析的目的

1. 明确目的

有了明确的目的，才能正确确定工作分析的范围、对象及内容，规定分析的方式、方法，并了解清楚收集资料的类型、去哪里收集、用什么方法收集。工作分析是企业人力资源管理工作的基础，其主要目的有以下几个。

(1) 清晰判定企业的人才资源需求和能提供的条件支持。

(2) 明确企业中每个岗位都在做什么工作及所处的工作状态。

(3) 明确这些岗位对员工有什么具体的从业要求。

2. 实施目的

(1) 单击"明确工作分析目的"按钮，进入相应界面，分析案例确定工作分析的目的。

由于 CN 公司参照原有国有企业编制和考核模式，因此，其组织人员的职能和工作质量的好坏绝大部分由其直接领导主观评价，仅依靠直接领导的主观印象和喜好。在对员工的日常考评及年度考评中，由于缺乏标准和衡量尺度，结果直接受主观领导的个性影响，要么倾向"大锅饭"，要么倾向"关系决定成绩"，这在很大程度上存在不公平现象，导致部分员工对此感到很不满。

对于公司员工的培训，CN 公司内部还是比较重视的，每年都会投入很多资金与精力来开展领导干部培训、业务培训及全员的岗位任职资格培训。虽然每年人力资源管理部门都会根据业务部门的培训需求制订年度培训计划和中长期的培训规划，但其针对性和实用性不够强，组织内部的人员素质差距逐渐拉大。近年进入企业内部的新员工年龄小，工作适应能力强，掌握新知识、新技术的能力较强，但部分老员工由于受传统教育的限制，工作已形成惯性，对新设备、新工具的使用有一定难度。因此，如何使人力资源的培训为提高整体员工综合素质能力服务，尤其是业务骨干员工的创新和研究能力服务，显得尤其重要。

CN 公司的招聘沿用原有的一套习惯性流程，即初选、笔试、面试及体检四个阶段，加上企业地理环境等限制，招聘的员工绝大部分为从未有过工作经验的应届毕业生。在面试过程中，面试者个人社会经验及负责招聘人员的情绪和偏好都会对面试结果产生影响，更严重的是，参加招聘的主考官本身并不了解招聘岗位的工作内容，对求职者应具备的知识、技能、个人品质等要求模糊不清，导致招聘进来的新员工根本无法与其岗位相适应。因而，CN 公司急需建立一套真正科学合理的招人、选人的管理体系和方法。

从以上不难看出，CN 公司人力资源管理工作中存在种种问题，而导致问题存在的根本原因在于公司没有明确的职位分类，岗位职责不清，缺乏科学的工作分析。为了适应市场与行业发展，同时为了企业内部需要，公司进行工作分析已经势在必行。

经人力资源部各主管多次讨论决定，将会借助外部工作分析专家对此次工作分析提供策划和技术支持，而人力资源部各管理人员和相关信息联络人员则负责帮助外部专家收集整理各种资料，分发回收调查问卷，安排其他人员配合专家组的工作，收集公司员工和管理人员在项目实施中的反馈意见，并把意见反馈给专家组和公司领导。CN 公司希望通过各管理人员共同合作能够高效完成工作分析这项工作，尽快解决人力资源管理工作中的问题，从而使公司走向正轨。

(2) 根据案例分析的结果，选择恰当选项，单击"确定"按钮完成该步，如图 2-3 所示。

图2-3　明确工作分析目的

提交后页面显示工作分析的目的是：编写岗位说明书、培训与开发、确定绩效考核标准、确定薪酬体系，如图 2-4 所示。

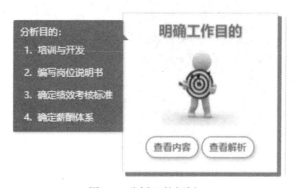

图2-4　分析目的解析

2.2.2　制订工作分析的实施计划

有了明确的工作分析目标，就需要制订一份明确的工作分析实施计划。单击"制订工作分析实施计划"按钮，根据案例背景和掌握的理论知识，在列出的 15 个清单项中选择并确定岗位工作分析实施计划的主要内容。单击"确定"按钮完成该步，如图 2-5 所示。

图2-5　制订工作分析实施计划

提交后单击查看解析，显示工作分析所欲收集的信息、工作分析的参与者、工作分析的时间、工作分析方法的选择、工作分析的目的与意义、工作分析项目的实施者、工作分析的地点等内容，具体如图 2-6 所示。

工作分析的准备阶段

分析计划：
1. 工作分析所欲收集的信息
2. 工作分析的参与者
3. 工作分析的时间
4. 工作分析方法的选择
5. 工作分析的目的与意义
6. 工作分析项目的实施者
7. 工作分析的地点

制订工作分析的实施计划

查看内容　　查看解析

图2-6　制订工作分析的实施计划解析

2.2.3　组建工作分析小组

工作分析小组一般包括以下成员：①企业高层管理者，只有获得高层管理者的支持与认可才能顺利进行；②工作分析专家，工作分析是公司开展其他活动的依据，要求具有很高的准确性；③工作任职者，一般而言，工作任职者最了解工作的信息，为工作分析提供最真实、可靠的信息。工作任职者的上级主管观察任职者的工作并能够提供客观的评价。人力资源部专员主要负责联络、协调工作分析的具体实施。

单击"组建工作分析小组"按钮，进入相应界面，如图 2-7 所示。

图2-7　组建工作分析小组

实训中会给出许多企业的工作岗位名称供学生参考进行工作分析小组等的组建，学生分析案例，选择相关人员成立资料调查小组，如图 2-8 所示。

图2-8　资料调查小组

确定资料调查小组后，确定工作分析小组，如图 2-9 所示。

图2-9　工作分析小组

提交后显示工作分析小组成员名单，如图 2-10 所示。

图2-10　工作分析小组成员名单

2.2.4　收集分析相关资料

收集有关岗位的各种信息：既包括岗位过去的信息，也包括现今的各种信息；既应有各种文字性资料，也应有现场调研的第一手资料。如果有必要，则需要与每位任职者、主管和部门领导直接访谈，全方位了解岗位信息及各岗位之间的相互工作关系，为后续岗位分类和岗位合并或分拆提供依据。

单击"收集分析相关资料"按钮，进入相应界面，资料收集包括职业分类表、组织结构图、流程图、部门职能说明书，单击相应按钮查看工作分析应收集的资料内容，如图 2-11 所示。

图2-11　工作分析收集的资料

2.2.5　分析信息收集类型

确定要收集哪些信息可以从以下几个方面考虑：根据工作分析的目的和侧重点，确定要收集哪些信息；根据对现有资料的研究，找出一些需要重点调研的信息或需进一步澄清的信息；按照 6W1H 的内容考虑需要收集的信息。根据信息收集的目的分别确定分析信息的类型，如图 2-12 所示。

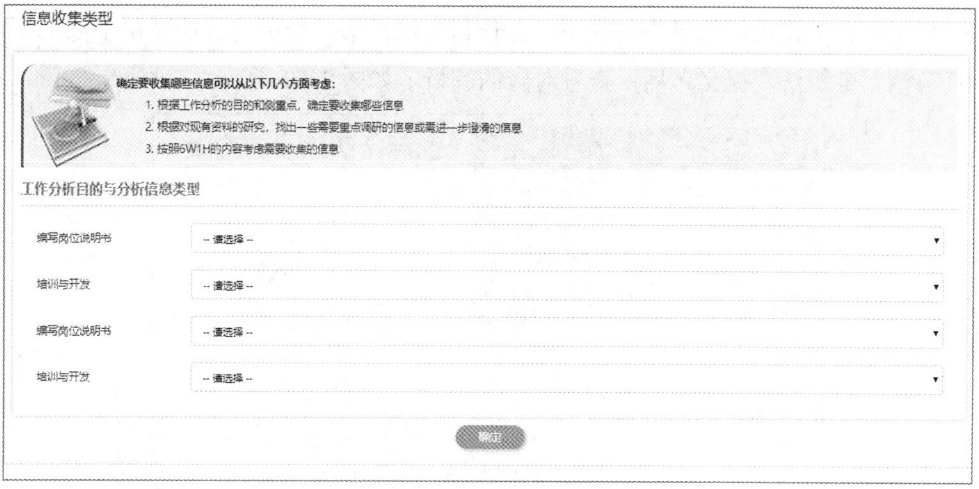

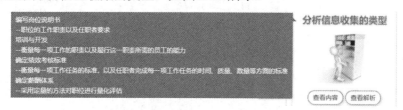

图2-12 分析信息的类型

提交后显示分析信息收集的类型，如图 2-13 所示。

图2-13 分析信息收集的类型解析

2.2.6 确定信息收集的方法

在确定工作分析的目标之后，就要收集与工作活动和职责有关的信息。收集工作信息的方法有很多种，它们各自有其特点，但并没有任何一种方法可以提供非常完整的有关工作的信息。因此，对于这些方法应当综合使用、灵活搭配，以达到较好的效果。

单击"确定收集信息的方法"按钮，进入相应界面，选择恰当的信息收集方法和信息分析的方法，单击"确定"按钮完成该步，如图 2-14 所示。

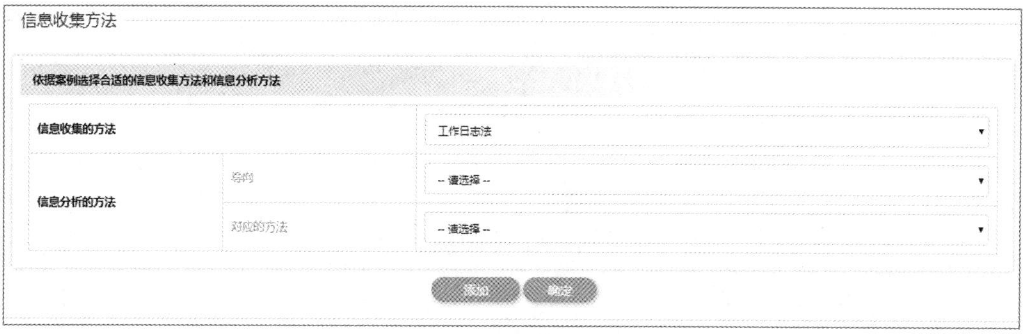

图2-14 信息收集的方法

　　根据案例分析得出，信息收集采用了工作日志法，信息分析的方法采用了以工作为导向的任务清单分析法，提交之后，查看对应的解析，如图 2-15 所示。

图2-15　信息收集的方法解析

第3章

工作分析调查阶段

工作分析调查阶段是工作岗位研究的重要组成部分，只有做好这项工作，才能更好地让工作分析和岗位评价顺利进行。依据实践系统内容及知识要点，本章从基础知识和实战训练两个方面进行工作分析调查阶段的内容介绍。

3.1 基础知识

岗位调查是工作分析调查阶段中的重要工作任务，只有做好岗位调查才能准确、全面、系统地掌握丰富的原始资料，顺利进行岗位分析、岗位设计和岗位评价等其他环节。在本节中将简单介绍以下几种工作分析调查方法，具体有访谈法、观察法、文献分析法、主题专家会议法、工作日志法、问卷法和工作实践法七种方法。

3.1.1 访谈法

在现实企业工作中，分析者对于一些工作无法实际去做，或者不可能实现现场观察，甚至存在难以观察的情况。对此，为了了解工作者的工作内容，掌握他们为什么做及怎么做，将采取访谈法实现工作分析的调查任务。

1. 方法简介

访谈法被评价为国内企业中运用最广泛、最成熟和最有效的工作分析方法之一。该方法应用的成功，不仅体现在一些书面信息上，还有就是能够通过访谈者或工作分析师的帮助及引导，使访谈对象即任职者实现对职位的系统思考及总结反馈。

根据现有的研究理论及实践方法，一般将访谈法分为个体访谈(结构化、半结构化、无结构；一般访谈、深度访谈)和群体访谈(一般座谈、团体焦点访谈)。前者是以任职者个体进行具体访谈，从而得出工作分析信息；后者以集体访谈作为突出特征存在，所针对的对象一般都是做相同工作或相近工作的员工。

2. 具体内容

1) 实施访谈法的内容

(1) 任职者工作目标：设立该职务的原因，确定该职务报酬的缘由。

(2) 任职者工作内容：任职者在岗位上所起到的关键性作用，以及这种行动所产生的直接后果。

(3) 任职者工作性质和范围：作为访谈法收集信息的核心内容，包括任职者的工作关系；上下级职能的关系；岗位要求具备的基本技术知识、管理知识、人际关系知识等；解决工作出现问题的能力及主动权限。

(4) 任职者所负责任：工作岗位上承担的责任及权限，对组织结构、战略、控制和执行所产生的一系列影响。

2) 应用访谈法需注意的问题

(1) 对于访谈者的培训：由于工作分析访谈是一项具有系统性和技术性的工作，因此在访谈准备阶段应对访谈者进行针对性的工作分析理论与技术培训。

(2) 访谈实施的事前沟通：应在访谈前一周左右事先通知访谈对象，并以访谈指引等书面形式告知其访谈内容，使其提前对工作内容进行系统总结，并有利于获得访谈对象的支持与配合。

(3) 技术配合：在访谈之前，访谈者需事前对访谈工作进行文献研究，并通过开放式工作分析问卷初步收集、整理与汇总职位信息，形成对职位的初步印象，找到访谈的重点，使访谈能够有的放矢。

(4) 访谈实施的沟通技巧：在访谈过程中，访谈者应与被访谈者建立并维持良好的互信及和睦关系，适当地运用提示、追问、控制等访谈技巧，把握访谈的节奏，防止访谈中的"一边倒"现象。

(5) 访谈法应用中的信息确认：在访谈过程中，访谈者应就获得的信息及时向被访谈者反馈并确认，在访谈结束前，应向被访谈者复述所获信息的要点，以得到最终的认可。

(6) 对于访谈对象的限定：访谈对象的范围要进行适当控制，具体人员可包括该职位的任职者、对工作较为熟悉的直接主管人员、与该职位工作联系比较密切的工作人员、任职者的下属。为了保证访谈效果，一般要事先设计访谈提纲，然后交给访谈者准备。

(7) 访谈结束后的核查：在完成访谈后，要与被访谈者本人或其直接上级主管一起对所获得的资料进行检查与核对。

3) 访谈分析提纲

访谈分析提纲包括：职位设置的目的；职责；教育要求；经验；担负的管理职责；工作关系；本职位所收到的监督与管理；决策责任；错误分析；数据保密；工作条件；心理要求；工作中所使用的机械设备；附加说明。

访谈法一般不能单独使用，最好与其他方法配合使用。该方法适合于不可能实际去做某项工作，或者不可能去现场观察及难以观察到某种工作时，以及适用于短时间的生理特征的分析和长时间的心理特征的分析，还适用于对文字理解有困难的人。访谈法也适合于脑力职位者，如开发人员、设计人员、高层管理人员等。

3.1.2　观察法

1. 方法简介

观察法是指研究者根据一定的研究目的、研究提纲或观察表，用自己的感官和辅助工具去直接观察被研究对象，从而获得资料的一种方法。观察法就是岗位分析人员在不影响被观察人员正常工作的条件下，通过观察将有关工作的内容、方法、程序、设备、工作环境等信息记录下来，最后将取得的信息归纳整理为适合使用的结果的过程。

2. 具体内容

应用观察法时为避免工作分析收集的信息内容出现偏颇及不公正现象，应注意以下几方面内容。

(1) 观察法所注意的工作应具有独特的代表性，使用该方法前，要进行适时的培训及宣传，让被观察的员工予以接受并积极配合。

(2) 在进行观察时，要针对工作相关内容展开，思路清晰，问题结构简单，避免重复及机械记录。

(3) 观察人员要加强自身技能，在进行观察时不要影响被观察者的日常工作，并应在适当的时候对自己进行介绍，加深与观察者之间的融洽关系。

(4) 观察前一定要进行计划和准备，包括具体的观察提纲、观察内容、观察时间和观察位置等基本要素。

由于采取观察法所得的数据比较客观和准确，相对于其他岗位分析结果，取得成效较高，但对于观察人员提出了较高的素质要求，并且工作循环周期比较长、难以进行适当的观察和收集、工作方式以脑力劳动为主、偶然突发性工作不易观察的岗位，都无法适用该方法。所以，总结来说，观察法适用的工作岗位有一些明显的共性，即工作外显特征比较明显，如生产车间一线工人、服务岗位会计人员等。

3.1.3 文献分析法

1. 方法简介

文献分析法，也称资料分析法或文献资料分析法，是利用所能查证的现有与工作相关的资料信息，从而对相关职位进行工作分析，实现工作信息系统数据汇总的一种方法。这种方法以原有资料为分析依据，能够充分降低工作分析的成本，对于现有的岗位责任制、职位说明书、简单岗位描述报告等人事文件，进行充分的利用。通过这些现有的资料信息，掌握要分析的工作岗位任务、责任、权限、工作要求、任职资格及条件等内容，为工作分析的下一步工作内容做好奠定和准备工作。工作分析人员通过这个基础性的方法，能够提前全面地了解岗位信息，实现工作分析的针对性。但这种方法只是对现有的资料进行分析提炼和总结加工，在原有资料一旦出现空缺或真伪难辨的情况下，将对工作分析工作产生负面影响。因此，该种方法只适用于工作分析前的准备环节，编制相应工作任务清单初稿及计划。

2. 具体内容

1) 文献资料分析法的优点

(1) 工作分析成本较低。分析人员只需要调用历史和现在的动态资料即可开展工作分析。它对工作分析对象的工作时间、工作地点没有要求，也不会影响工作分析对象的当前工作，通过资料邮寄和网上传送方式，甚至不需要分析人员前往分析对象的工作地区，因此可以节省大量的工作分析成本。

(2) 工作效率较高。分析人员在获得工作分析所需的全部资料后，即可开始工作。由于许多历史资料特别是职位说明书中已经有很多可以直接利用的工作分析结果，因此采用资料分析法的工作效率较高。

(3) 职位的核心胜任力的一般结构尚在不断完善过程中，通过不断比较历史资料，可以更好地总结实践经验。

(4) 文献资料分析的结果可以数据化，作为信息化工作分析的基础数据，可以对未来的工作分析开展奠定基础。

2) 文献资料分析法的缺点

(1) 一般收集到的信息不够全面。尤其是在小型公司或管理落后的组织与部门，往往无法收集到有效、及时的信息。有些部门或单位的职位资料不够健全或不够规范，难以为文献资料分析法提供有价值或包含足够信息的资料；也有一些部门的职位是新近设立的，历史上的职位资料不足，使分析人员难以采用文献资料分析法进行纵向比较。

(2) 一般不能单独使用，要与其他工作分析法结合起来使用。文献资料分析法的特点表明了其更适用于工作分析的初期准备工作阶段。通过文献资料分析，可以为后续的工作分析提供选择分析方法和工具的依据，也可以指出后续工作分析的重点和难点。

从文献资料分析法所采用的资料来源看，包括组织内部资料和外部资料两种：内部资料可以由职位相关的职能部门提供；外部资料是指已有的相关职位信息标准和相似职位的分析结果。其主要收集的资料包括两大类：①职位的组织背景，包括组织情况、内部管理模式、所处环境；②职位的基本信息，包括现有的职位描述、职位分类标准、职业考级标准及职业岗位研究材料。文献资料分析需要检索的重要信息包括职位所需要进行的工作活动与任务、职位的胜任力描述、职位工作环境、职位的绩效标准、工作成果的表现形式等。

3) 操作流程

(1) 确定信息来源。

(2) 文献分析法的资料信息来源有很多，在实际工作分析调查过程中，一般的信息来源包括内部信息和外部信息。

① 内部信息包括《员工手册》《公司管理制度》《职位职责说明》《绩效评价》《会议记录》《作业流程说明》《ISO 质量文件》《分权手册》《工作环境描述》《员工生产记录》《工作计划》《设备材料使用与管理制度》《作业指导书》等。

② 外部信息主要指其他企业工作分析的结果，这些资料可以为本企业的工作分析提供参照。为了保证所收集到的信息有较强的适用性，在收集信息的时候应该注意两点：一是目标企业应该与本企业在性质或行业上具有较高的相似性；二是目标职位应该与本企业典型职位有较高的相似性。

(3) 确定并分析有效信息。

进行文献分析时，需要快速浏览文献，从大量的文档中寻找有效信息点。针对文献中信息不完整和缺乏连贯性的情况，应一一做好标记，在编制工作分析提纲时，作为重点问题加以明示；对文献中隐含的工作内容及绩效标准，应深入挖掘，在以后的分析中得以求证。

4) 应注意的问题

(1) 搜集文献应当客观、全面。

(2) 材料与评论要协调、一致。

(3) 针对性强。

(4) 提纲要简单但要突出要点。

(5) 适当使用统计图表。

(6) 不能混淆文献中的观点和个人主观的思想。

3.1.4　主题专家会议法

1. 方法简介

主题专家会议法(Subject Matter Experts)是一种以专家作为主要分析人员的方法,这些专家可以是与分析职位熟悉的任何外部人员,包括组织内部的任职者、直接管理者、曾经该职位的任职者,甚至还可以咨询职位所对应的客户群体,某种程度上咨询专家和标杆职位任职者也可以参与其中。这种方法实现的是一种集思广益的过程,主要应用于工作描述、人员培训与开发、人员职业生涯规划、任职者绩效工作、定额定员和职位设计等内容。

2. 具体内容

1) 主题专家会议法特点

(1) 以专家为主要参与预测人员。运用这种方法,要求参加工作分析的人员必须是与预测问题有关的专家,他们应具有一定的专业知识,精通岗位业务,具有丰富的工作经验,能够为工作分析信息处理工作提供有效帮助。

(2) 定量估计。该种方法还能够对量化分析的数据进行处理,对于某些难以用数学模型定量化的因素进行分析考虑,应对缺少足够的统计数据和原始资料,从而进行定量估计。

2) 主题专家会议法的具体形式

主题专家会议法可以运用各种不同的方式方法进行收集工作信息,以下对几种方法进行简单介绍。

(1) 会议调研法。

专家会议调研法要求根据市场预测的目标和指向性,让有关专家提供相应的背景资料,通过会议讨论的方式对预测对象及工作岗位进行评价,从而综合所有专家的分析判断,对工作发展趋势做出一定推断结果。运用这种方法时要注意以下两点。

① 选择的专家要合适,具有行业代表性和丰富的从业知识经验,并要控制参会调研

专家人数。

② 调研会议要合理，对于会议组织者的组织能力提出比较高的要求，并要做好充分准备。在会议调研法展开前，组织者要将有关需要调研的资料和提纲准备齐全，罗列研究的问题和具体要求，保证会议的有效性。在会议调研展开期间，要有专人负责整理专家的意见，并注意及时归纳和总结，以便最后得出相应的结论。

(2) 头脑风暴法。

该种方法主要是组织行业各类人员进行相互交流意见，畅谈想法，敞开思路发表意见，达到在头脑中进行智力碰撞，从而产生新的思想交流内容，最后集合各种不同观点，提炼出符合实际的分析内容。

3) 主题专家会议法确定人选的原则

(1) 如果参加者相互认识，则要从同一职位(职称或级别)的人员中选取；领导人员不应参加，否则可能对参加者造成某种压力。

(2) 如果参加者互不认识，则可从不同职位(职称或级别)的人员中选取，这时，不论成员的职称或级别的高低，都应同等对待。

(3) 参加者的专业应力求与所论及的预测对象的问题一致。

4) 应注意的问题

主题专家会议方法应注意：①专家代表的选取，尽可能保证代表选取的结构合理，使专家们的意见具有更大的代表性；②避免"权威者"左右与会专家的意见，尽可能让大家都有充分发表意见的机会，并不受他人意见的干扰。

3.1.5　工作日志法

工作日志法是一种记录方法，要求任职者根据工作时间顺序及工作内容进行记录，记录内容必须体现工作时间与工作内容的过程性，最后经过总结、归纳和分析，从而达到工作分析的目的。工作日志填写示例如表 3-1 所示。

表3-1　工作日志填写示例

工作日志填写说明：
1. 请您在每天工作开始前将工作日志放在手边，按工作活动发生的顺序及时填写，切不可在一天工作结束后一并填写。
2. 要严格按照表格的要求进行填写，不要遗漏那些细小的工作活动，以保证信息的完整性。
3. 请您提供真实的信息，以免伤害您的利益。
4. 请您注意保留工作日志，防止遗失。
谢谢您的合作！

（续表）

填表时间： 月 日			岗位名称：		
工作开始时间：			工作结束时间：		
序号	工作活动名称	工作活动内容	工作活动结果	时间消耗	备注
1	复印	复印文件	4 张	6 分钟	存档
2	起草公文				
3	参加会议				
4	接待				
5					
6					
填写人签名：					

3.1.6　问卷法

工作分析中最通用的一种方法就是采用问卷来获取工作分析的信息，达到工作分析的目的。运用这种方法收集到的工作信息，其质量取决于问卷本身的设计是否科学合理，受到被调查者文化水平的高低，填写时的诚意、兴趣、态度等因素的影响。因此，需请有关专家设计与编制问卷，并在发放、填写问卷时，做出具体的说明与指导，最好附上范例。

1. 工作分析问卷分类

问卷主要分为定量结构化问卷和非结构化问卷。定量结构化问卷是在相应理论模型和假设前提下，按照结构化要求设计的相对稳定的工作分析问卷，一般采用封闭式问题，问卷遵循严格的逻辑体系，分析结果可通过对信息的统计分析加以量化，形成对岗位的量化描述或评价。定量结构化问卷最大的优势在于问卷经过大量的实证检验，具有较高的信度和效度，便于岗位之间的相互比较。

非结构化问卷是目前国内使用较多的工作分析问卷形式。其特点在于能对岗位信息进行全面、完整的调查收集，适用范围广泛，能根据不同的组织性质、特征进行个性化设计。与定量结构化问卷相比，非结构化问卷存在精度不够、随意性强、与分析时主观原因高度相关等缺陷，但是非结构化问卷也有适应性强、灵活高效等优势。非结构化问卷不仅是信息收集工具，而且包含了任职者和工作分析师信息加工过程，因而其分析过程更具互动性、分析结果更具智能性。

2. 问卷的构成

问卷是以书面的形式，根据研究假设而设计的问题表格。对于结构型问卷，它的基本成分就是由问题与限制性答案两个方面组成的。问卷通常包括前言、个人特征资料、事实性问题和态度性问题四个基本部分。

3.1.7 工作实践法

1. 方法定义

工作实践法是指通过工作分析人员亲自参加、从事被分析工作来实现工作分析目的的方法。

2. 适用范围

工作实践法是一种不太常用的方法，适用于比较简单但又独特的工作，如手工艺品制造者的工作等。

3.2 实战训练

该模块中包括工作分析调查阶段的七种分析方法，结合案例背景，系统着重训练了问卷调查法、访谈法、直接观察法和工作日志法四种工作分析的方法。如何针对案例内容应用这四种方法进行具体的岗位信息调查和分析，系统都进行了详细的操作设计。

系统中工作分析调查阶段模块主要包括四个部分，用户根据所提供的账号、密码登录之后，可单击主界面按钮和侧边栏按钮进入相应模块进行查看和操作。学生将分析的结果填入系统，提交之后就可以查看到关于此次实训案例该模块的解析，然后与自己填写的内容进行比对，查看自己的差距在哪里，具体内容如图 3-1 所示。

图3-1 工作分析调查阶段

3.2.1　编制访谈提纲

访谈法能够让访谈人员就岗位内容进行信息收集，访谈对象根据事先拟定的访谈提纲给予交流和讨论，既适用于短时间要进行掌握信息的工作岗位，又适用于长时间才能获得心理特征的岗位分析。在较好地收集了各个职位要求和基本要素后，特别是对中高层管理者能够展开深度的工作分析，效果非常显著。

1. 方法技巧

在进行工作分析调查阶段，采取访谈法进行调研的过程中，访谈者必须掌握编制访谈提纲的一些技巧，即问题设计与访谈技巧。

1) 问题设计及步骤

(1) 保持设计问题的热情，直到你认为问题已经足够。不妨自我提问：我想知道的是什么？为什么？哪些东西适合要调查和访谈的问题？

(2) 根据有关资料和先前的经验检测所设计的问题。这里主要指的是可以得到的现有问卷和调查表、先前的工作分析计划及发表的统计资料。如果书面材料无法找到，那么可以通过相关方法来收集关键事件。

(3) 只选择与所调查资料直接相关的问题。

(4) 将问题按一定逻辑顺序排列，把容易的、没有挑战性但又必要的问题排在前面。

(5) 构造一种粗略的工具，对少量的被访者进行先导性的试验访谈。

(6) 检查结果，修改或删除问题。

(7) 修改不清楚的问题，包括：删除重复的问题，除非有检查被访者的诚实性的需要；把有双重含义的问题分成两个问题，如果无法分开就删掉；删除被访者能力范围之外的问题；把放在一起的容易使被访者有偏向的问题分开。在做了上述修改后，构建一个问题清单。

2) 访谈技巧

(1) 事先清晰地说明访谈的目标和方法。

(2) 在访谈前，确认访谈是不是得到所要信息的合适工具。

(3) 选择合适的回答者以满足所求信息的性质、资料收集的方式和研究的其他要求。

(4) 为达到访谈的目的需要取得回答者的支持。

(5) 控制访谈，使访谈指向一定的目标。

(6) 控制个人举止、行为等其他会影响结果的因素。

(7) 记下意外的重要信息，尤其是正式访谈计划中没有想到的或新的信息。

在结合基本的访谈问题设计和访谈技巧后，利用访谈法进行工作分析需掌握的七项要素分别是：知识要求；技术要求；能力要求；工作中所包含的身体活动；工作的特定环境条件；典型工作事件；对雇员兴趣的要求。

工作分析中面谈问题设计示例如表 3-2 所示。

表3-2　工作分析中面谈问题设计示例

具体问题清单：

1. 你向谁报告？

2. 谁向你报告？

3. 你在预算上所负的责任如何？(包括预算金额及你管理的资产价值)

4. 你的主要职责是什么？

5. 你怎么运用你的大部分工作时间？

6. 你分配的工作从何而来？完成的工作送到哪里或送给谁？

7. 你的工作中最具挑战性的是什么？

8. 工作之前必须完成哪些准备工作？

9. 你要怎样提高产品或服务的品质？

10. 你觉得有哪些工作是重要的或不重要的？

11. 工作过程可以怎样加以改善？

12. 可以用什么不同的方式来工作，以降低费用或成本？

13. 你必须遵循什么原则、规定、政策等以达成你的职责？

14. 在采取行动之前，有哪些决策你必须请示上级领导或通知部属？

15. 这个工作对你的创意和解决问题的能力有什么样的挑战性？

16. 你和公司内或公司外哪些人有定期性的接触？这些接触的原则是什么？

17. 你的接班人在知识和经验上必须具备哪些资格才能完全地完成你现有的工作？

18. 请说明你的工作所需要的体力(如果选择)。

19. 你如何回答"为什么需要我这个职位"这个问题？

2. 操作步骤

单击"访谈法"按钮，进入相应界面，如图 3-2 所示。在设计访谈提纲前要仔细阅读基础知识对于访谈法的基本介绍，包括问题设计和提问技巧，保证访谈问题与案例需求贴合，在设计过程中应该不断思考并及时调整修改。

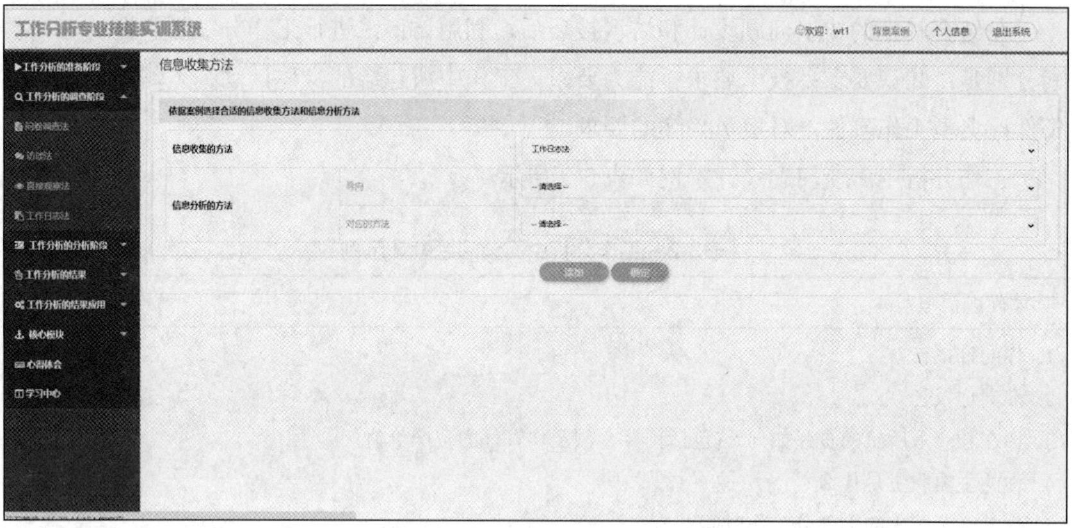

图3-2 "访谈法"界面

学生通过单击右上方的"背景案例"查看案例内容，单击后，会重新出现一个新的网页窗口，有利于在讨论及做分析的过程中对案例中的细节进行查看。

在"访谈法"模块中，学生阅读案例(案例见背景资料)，根据要求设计访谈提纲，依次确定访谈内容。

确定访谈目的，如图3-3所示。

一、访谈目的	

图3-3 访谈目的

在一般情况下，应用访谈法时可以标准化访谈格式记录，目的是便于控制访谈内容及对同一职务不同任职者的回答相互比较。确定访谈方式，如图3-4所示。

二、访谈方式	

图3-4 访谈方式

确定访谈对象，如图3-5所示。

三、访谈对象	

图3-5 访谈对象

访谈法注意事项：一般，访谈提纲中的问句不宜过多，以2~4个为适宜；访谈提纲中的问句避免低效率或有诱导性；访谈提纲中问句的表达方式尽量是开放性的；根据研究问题和研究的目的设计访谈形式及访谈问句。确定访谈提纲，如图3-6所示。

图3-6　访谈提纲

确定采访的步骤，如图 3-7 所示。

图3-7　采访步骤

提前预判访谈可能碰到的问题，如图 3-8 所示。

图3-8　预判访谈可能碰到的问题

根据预判可能发生的问题，设想解决问题的方法，如图 3-9 所示。

图3-9　设想解决的方法

确定采访前要携带的器材备注，如图 3-10 所示。

图3-10　采访前要携带的器材备注

内容填写完后，单击"完成"按钮，生成访谈提纲后，如图 3-11 所示。

访谈提纲

一、访谈目的

了解办公室秘书日常的工作内容，明确工作职责与工作要求，为工作分析提供信息依据

二、访谈方式

个人面谈、结构化访谈

三、访谈对象

办公室秘书

四、提问提纲

（一）访谈开场语

我想您已经知道了公司现在正在进行的工作分析工作，今天与您交谈 是为了了解一些有关您这个职位的信息，因为您是最了解这方面信息的人，希望您能够配合！

（二）访谈对话

1.您在这个职位上干了多长时间?能简单介绍一下您的工作经历吗?

2.首先我想要了解一些有关工作内容方面的情况。请您简单介绍一下您的工作职责有哪些?或者说主要做哪些工作?

3.您能不能再稍微具体讲一些在工作中你们部门主要做哪些工作?

4.这么大的工作量，你们部门是怎样分配工作的呢?

5.接下来，我想同您讨论一下对从事您这项工作的人的一些基本要求。需要强调的是，我们想要了解的是能够胜任这项工作的人所必不可少的条件，是最低的工作要求。另外不考虑您本人现在的水平如何，而是讨论应该具备怎样的条件就可以了。首先，您觉得要干好您的工作至少需要哪些知识、技能、能力?

6.您觉得从事您现在的工作至少需要什么样的教育背景?包括教育程度、专业方向?

7.您觉得经验在这个工作中重要吗?要想从事您现在的工作至少需要什么样的工作经验?另外，需要接受哪些培训?

8.那么在工作中，你最重要的是什么?

9.现在，我想了解一下您对秘书这个工作的看法，你认为你是如何做好这一工作的?

10.对于这项工作还有别的什么要求吗?

（三）访谈结束语

谢谢您提供了这么多有用的信息。不好意思，占用您宝贵时间。

图3-11　访谈提纲

实训系统中套用的案例是关于牛伊斯特国际贸易有限公司工作分析实例，案例具体内容见背景资料，表 3-3 所示为牛伊斯特国际贸易有限公司在工作分析调查阶段的具体应用。

表3-3　牛伊斯特国际贸易有限公司在工作分析调查阶段的具体应用

部门	岗位	时间	地点	方法
办公室	秘书	2017.6.5	办公室	访谈法
生产部	经理	2017.6.15	生产车间、办公室	工作日志法、问卷调查法
销售部	主管	2017.7.3	咖啡厅	关键事件法、访谈法
行政部	管理人员	2017.7.7	办公室	问卷调查法
后勤	保洁员	2017.7.13	公司内	观察法

3.2.2　观察法操作步骤

利用观察法进行岗位分析时，应力求观察的结构化，根据岗位分析的目的和组织现有

的条件，事先确定观察的内容、时间、位置、所需的记录单等，做到省时高效。观察法又分为直接观察法、阶段观察法、工作表演法三种形式。

在"直接观察法"模块中，依次单击要求、使用原则和使用范围，确定直接观察法操作过程中的注意事项有哪些，如图 3-12 所示。

图3-12 "直接观察法"模板

1. 操作要领及要求

(1) 养成观察习惯，形成观察的灵敏性；集中精力，全面、多角度进行；观察与思考相结合。

(2) 制定好观察提纲(如表 3-4 所示)，观察提纲因只供观察者使用，应力求简便，只要列出观察内容、起止时间、观察地点和观察对象即可，为使用方便还可以制成观察表或卡片。

(3) 按计划(提纲)实行观察，做好详细记录，最后整理、分析、概括观察结果，做出结论。

表3-4 工作分析的观察提纲

基本观察信息	观察内容
被观察者的姓名 观察者的姓名 日期 观察时间 工作类型 工作部分	1. 什么时候开始正式工作？ 2. 上午工作多少小时？ 3. 上午休息几次？ 4. 第一次休息的起讫时间？ 5. 第二次休息的起讫时间？ 6. 上午完成产品多少件？ 7. 平均多长时间完成一件产品？ 8. 与同事交谈几次？ 9. 每次交谈多长时间？ 10. 室内温度是多少？

2. 使用原则

(1) 全方位原则。在运用观察法进行社会调查时，应尽量以多方面、多角度、不同层次进行观察，搜集资料。

(2) 求实原则。观察者必须注意以下要求：密切注意各种细节，详细做好观察记录；确定范围，不遗漏偶然事件；积极开动脑筋，加强与理论的联系。

(3) 必须遵守法律和道德原则。

3. 使用范围

(1) 对研究对象无法进行控制。

(2) 在控制条件下，可能影响某种行为的出现。

(3) 由于社会道德的需求，不能对某种现象进行控制。

(4) 为避免主观臆测和偏颇应遵循以下内容：每次只观察一种行为；所观察的行为特征应事先有明确的说明；观察时要善于捕捉和记录；采取时间取样的方式进行观察。

3.2.3 编制工作日志

根据基础知识的论述，对于工作日志的定义描述及具体应用过程，进行填写时要注意以下内容，才能保证填写的有效性及针对性：第一，要及时填写。即在每天工作开始前将工作日志放在手边，严格按时间顺序记录自己所进行的工作任务、工作程序、工作方法、工作职责、工作权限及各项工作所花费的时间等。第二，要严格填写。即严格按照表格要求进行填写，特别注意细小工作活动，以保证工作分析收集的信息完整性和丰富性。第三，要求信息的真实性。为了保证工作分析的有效性及避免损害自己的利益，务必提供真实的信息。

1. 操作注意事项

(1) 避免单向信息。利用工作日志法是要对任职者的信息进行收集，但这种信息往往体现的是单向性和后期性，容易造成信息内容缺失、主观消息偏颇、沟通理解误差等问题，这些系统性或操作性的错误削弱了信息本身的内容。在实际操作过程中，工作分析人员一定要采取相对应措施实现双向沟通，例如，对于填写者进行事前培训、过程指导和中期辅导，必要时进行微调等方式方法。

(2) 结构化程度要提高。工作日志法是一个工作量极大的方法，收集的信息比较庞杂，后期整理比较复杂，因此，在利用该种方法进行设计时，务必注意后期整理的要求和标准，以此进行基本的设计，体现出结构化和系统化，控制填写者的偏差和不规范，实现风险预防，用以避免后期分析的复杂性和难度。

(3) 规范适用条件。工作分析的种种方法中，对于工作日志方法一直有一定的争议，尤其是任职者自我填写的任职工作信息是否可信、是否主观态度容易产生过多的偏颇和不公正性。通过大量的实践证明，一旦工作岗位包含的工作活动数量和内容过于庞杂时，即便任职者进行了"歪曲事实"，所产生的影响也只是微不足道的。但我们仍要注意的是，针对一些核心和关键性岗位，为了体现重大职责和稳定性，不宜多用此法。

(4) 及时的过程监控。利用工作日志法进行实际工作时，工作分析人员必须进行监督，积极参与填写过程，为填写者提供必要而有效的专业指导。同时，为了提高工作分析效果，在填报过程中，工作分析人员也可以中期讲解、分析研讨会等形式，实现跟踪式填报服务，提高工作效率。

2. 工作日志法基本程序

根据工作日志法的基本要求和工作安排，按照以下步骤进行操作：①分析准备阶段。利用研讨会和说明会的方式向工作分析填表者解释该项工作内容、目的、意义和具体方法要求。②实施运行阶段。工作分析人员及时监控，要求填表者按照规范进行填报，适当调整。③分析汇总阶段。将工作日志法数据进行整合，提取有效信息，最终编写工作说明书。

3. 操作步骤

单击"工作日志法"按钮，进入相应界面。在"工作日志法"模块中，实训系统中套用的案例是关于牛伊斯特国际贸易有限公司工作分析实例，案例具体内容见书末背景资料。根据要求思考工作日志法操作注意事项，以及如何与案例结合，并按要求设计填写工作日志表，如图 3-13 所示。

图3-13　工作日志法

(1) 确定工作日志法填写人的基本信息，如图 3-14 所示。

图3-14　填写人的基本信息

(2) 确定该人员具体的工作内容，如图 3-15 所示。

图3-15　填写人具体的工作内容

(3) 填写当日的工作总结和明日的工作展望，如图 3-16 所示。

图3-16　总结与展望

单击"提交"按钮，即可生成工作日志表，内容如表 3-5 所示。

表3-5 工作日志表

工作日志表

姓名：李云杨　　　　　部门：生产部门　　　　　职位：经理　　　日期：2017-06-15

记录分类			工作项目记录	完成状况	待解决问题	工作时间量(分钟)
工作内容	日常例行工作	上午	1. 巡视部门出勤情况与5S执行情况	已完成	无	30
			2. 总结昨日的工作结果，并审核每天的生产任务	已完成	无	30
			3. 全面负责工厂生产、仓库管理、部门协调等工作	已完成	无	60
			4. 听取部门干部的工作汇报，并分析、总结和协调	已完成	无	40
			5. 主持完善生产部门的规章制度、品质要求和各工序的工作流程	已完成	无	50
		下午	1. 现场指挥生产、指导完成生产线组装工艺	已完成	无	150
			2. 组织新技术、新工艺、新设备的应用	已完成	无	30
			3. 对生产部门提出配合次日完成生产任务的要求，并对其他部门的不良配合及进度上报总经理	已完成	无	30
			4. 协助总经理编制公司中长期发展规划，审定年度生产、销售综合计划，提出季度工厂奋斗目标和中心工作及重大措施方案	未完成	公司中长期规划还未制定完成	40 80
	当日工作总结		今天工作情况完成较好，但还有任务未完成			
	明日工作展望		把遗留问题进一步处理好，并且按时完成工作任务			
建议或说明事项			保证效率的基础上确保质量			

3.2.4 设计调查问卷

问卷调查法是工作分析中广泛运用的方法之一，它是以书面的形式通过任职者或其他职位相关人员单方信息传递来实现的职位信息收集方式。在实践中，工作分析专家开发出大量不同形式、不同导向的问卷，以满足工作分析不同需要。

1. 操作程序

(1) 调查准备。调查准备工作包括：初步了解工作分析的范围及工作特性、确定工作分析人员等；事先需征得样本员工直接上级同意，尽量获取直接上级的支持。

(2) 设计调查问卷，包括卷首语。精心设计的问卷是获取大量有用信息的关键。

(3) 填写调查问卷，设计及添加问题。为样本员工提供安静的场所和充裕的时间；向样本员工讲解工作分析的意义，并说明填写问卷调查表，不要对表中填写的任何内容产生顾虑；职务分析人员随时解答样本员工填写问卷时提出的问题。问卷可以由承担工作的员工来填写，也可以由工作分析人员填写。

(4) 回收并处理调查资料。样本员工填写完毕后，工作分析人员要认真检查是否有漏填、误填的现象；如果对问卷填写有疑问，工作分析人员应该立即向样本员工进行提问；问卷填写准确无误后，完成信息收集工作，向样本员工致谢。

(5) 填写工作说明书。

2. 注意问题

(1) 问卷设计应科学合理，这是调查成败的关键。

(2) 对问卷中的调查项目要做统一的说明，如编写调查表填写说明。

(3) 应及时回收问卷调查表，以免遗失。

(4) 对调查表提供的信息做认真的鉴别和必要的调整。

3. 操作步骤

在"问卷调查法"模块中，学生需阅读案例(案例见背景资料)，根据要求思考问卷调查法操作注意事项及如何与案例结合。单击"问卷调查法"按钮，进入相应界面。根据要求设计问卷调查的卷首语。

卷首语一般从自我介绍开始，要先写清楚调查问卷来自什么公司，目的是让接受调查的群体清楚明确这一份调查发起的目的、性质和作用，也可以帮助调查者获得更加准确的调查信息资源，具体设计要求及注意事项可参看系统内容。在调查问卷卷首语的指导下，学生应认真阅读所给案例，思考调查问卷具体实操要求和设计内容，如图 3-17 所示。

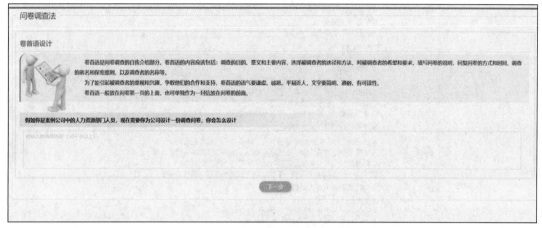

图3-17　问卷卷首语

进入问卷设计界面后，单击"添加问题"按钮可选择问题添加，也可以自定义问题，具体可从基本信息、工作情况、岗位要求和其他信息等方面进行设计，问题要求不能少于 12 道。学生根据案例实际需求和设计的具体要求进行修改，并最终形成调查问卷的题目设计，如图 3-18 所示。

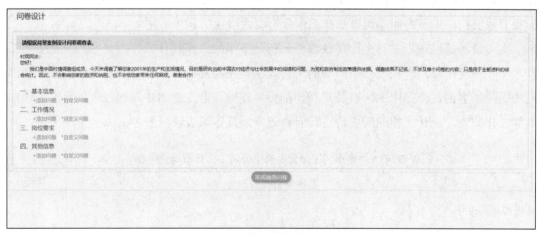

图3-18　题目设计

根据学生自行选择和设计的问卷题目及内容，最终形成工作分析调查问卷内容，包含了系统默认选项及自定义问题，如图 3-19 所示。

工作分析调查问卷

一、基本信息

　　您的姓名：_____　岗位名称：_____　所属部门：_____
　　入职时间：_____　从事本岗位工作时间：_____
　　您的直接上级岗位：_____
　　您的直接下属岗位：_____

二、工作情况

　　1. 本工作的责任（　）
　　　A.按上级指示工作，上级对结果负责
　　　B.根据计划进度，安排自己工作，根据内部原则工作
　　　C.安排计划，分析结果决策可能与上级协商
　　　D.有下属单位，需要制定公司目标和政策。

　　2. 本工作职能对公司的影响范围（　）
　　　A.例行性工作，如果出错容易发现，错误对公司基本无影响。
　　　B.有限范围内协调工作，错误不易发现，错误对公司有些损害。
　　　C.职责对公司单位功能及本部门任务完成有一定的影响力。
　　　D.负责一个部门以上功能，本部门最高主管不在时，负责本单位。

　　3. 本岗位负有的组织人事的责任（　）
　　　A.不负有组织人事的责任
　　　B.仅对一般员工有工作分配、考核、激励的责任
　　　C.对一般员工有选拔、聘用、管理的责任
　　　D.对基层负责人有任免的权利

　　4. 本岗位负有的法律上的责任（　）
　　　A.不涉及有法律效力的合同签订
　　　B.偶尔拟定有法律效力的合同，受上级审核方可签约
　　　C.拟定合同和签约，上级只做原则审核，本岗承担部分责任
　　　D.经常审核业务方面或其他方面的合同，并对合同的结果负有全部责任

图3-19　工作分析调查问卷

　　实训系统中套用的案例是关于牛伊斯特国际贸易有限公司工作分析实例，案例具体内容见背景资料，以下为问卷调查法在工作分析调查阶段的具体应用。

　　人力资源部经理老王与生产部经理李云杨是多年的工作伙伴，作为一名已经在公司工作了十年的老干部，李经理对生产部的所有流程都相当熟悉，并且李经理的认真负责在部门中是出了名的，部门中的所有员工对他都相当尊敬。老王针对生产部经理的日常工作内容和工作职责，设计了相应问卷，进行问卷调查，具体调查表见表3-6。

表3-6　牛伊斯特国际贸易有限公司工作分析调查问卷

工作分析调查问卷

尊敬的员工：

　　您好！我们正在进行工作分析工作。在此项目中需要了解公司的客观情况、员工的真实想法。您的见解和意见对于公司未来发展至关重要，问卷匿名填写，公司将以严谨的职业态度对您的问卷严格保密，只在咨询顾问范围内做统计和建议依据使用。请您认真填写问卷，感谢您的积极支持和参与！

一、基本信息

1. 本岗的工作时间(　　)。

A. 上下班时间根据工作具体情况而定，但有一定规律，自己可控制、安排

B. 上下班时间根据工作具体情况而定，但无规律可循，自己无法控制、安排

(续表)

C. 基本按正常时间上下班，偶尔早来、晚回

D. 按正常时间上下班

2. 本岗工作的灵活程度(   )。

A. 大多属于常规性工作，偶尔需要处理一些一般性问题

B. 常规性工作，不需要或很少需要灵活性

C. 大多属于非常规性工作，主要靠自己灵活地按具体情况来妥善处理

D. 一般属于常规性工作，经常需要灵活处理工作中出现的问题

E. 属于非常规性工作，需在复杂多变的环境中灵活处理重大的偶然性问题

3. 本岗工作的均衡性(   )。

A. 有时忙闲不均，但无规律性

B. 一般没有忙闲不均的现象

C. 有时忙闲不均，但有规律性

D. 经常忙闲不均，且忙的时间持续很长，需打破正常的作息时间

4. 本岗对于体力的要求(   )。

A. 站立、久坐时间占全部工作时间的50%以上

B. 需经常远程出差

C. 工作姿势随意

D. 站立、久坐时间占全部工作时间的50%以下

5. 本岗工作的紧张程度(   )。

A. 完成每日工作，需加快节奏，持续保持注意力高度集中，下班时经常感到疲劳

B. 工作时限、节奏自己基本无法控制，明显感到工作紧张

C. 部分时间工作时限、节奏自己掌握，有时比较紧张，但持续时间不长

D. 工作时限、节奏自己掌握

6. 本岗工作的复杂程度(   )。

A. 简单的、独立的工作，不必考虑对他人有什么妨碍

B. 要求高度的判断力和计划力，需要积极地适应不断变化的环境和挑战

C. 需专门训练才可胜任工作，但大多只需一种专业技能，偶尔需要独立判断或计划，要求考虑如何工作才能不妨碍他人工作

D. 需运用多种专业技能，经常做独立判断和计划，要有相当高的解决问题的能力

E. 只需要简单的指示即可完成工作，不需要计划和独立判断，偶尔需考虑是否妨碍他人工作

(续表)

二、工作情况

1. 请简要描述您的上级如何指导和监督您的日常工作。

_____

2. 简述一下您目前的主要工作内容和职责。

_____

三、岗位要求

1. 您觉得什么样的性格和品质的人能够更好地胜任本岗位工作？

_____

2. 您认为本岗位需要有工作经验吗？如果需要，您觉得多长时间工作经验比较合适？为什么？

_____

3. 您认为要胜任本岗位工作有什么样的学历要求？为什么？

_____

四、其他信息

您认为自己在该岗位还有哪些方面需要提升的吗？

_____

　　老王结合之前老李填写的调查问卷，进一步对生产部门主管的职位信息有了了解。生产部经理的主要工作内容包括：制订并组织实施本部门年度工作计划，规划分配工作，及时掌握生产作业进度规划并完成组织生产目标；依照公司供应计划合理安排车间日生产计划，并统计生产工时及制作生产日报表；召集、主持生产会议，全面管理、协调生产工作；负责组织生产现场管理工作，监管员工的工作质量及进度，解决生产操作过程中出现的问题，及时处理部门内各项突发事件，对无法解决的问题及时上报；拟订和修改生产、设备、5S现场管理等各项管理制度，并检查制度的贯彻执行；负责员工的生产安全教育工作，贯彻实施工作规程，监督控制产品质量，保障生产安全；主持部门员工的任用、培训和考核等各项工作；完成上级交办的其他工作。老李表示，胜任这个岗位需要大专以上学历，受过有关生产技术培训，具有较强的沟通、协调、管理能力和影响力，可以熟练操作办公软件。作为生产部门主管，要具备解决突发问题的能力，职务责任比较大；个人要爱岗敬业，以严谨的心态对待工作及员工，能吃苦耐劳，懂得团队合作，除此之外还要有奉献精神，为员工做出榜样。

第4章

工作分析的分析阶段

分析阶段是对调查阶段所获得的信息进行分类、分析、整理和综合的过程，也是整个分析活动的核心阶段。

4.1 基础知识

在工作分析专业技能实训系统中工作分析的主要分析方法有职能工作分析法、关键事件法、任务清单分析系统、胜任力素质模型、O*NET 系统训练法、海氏三要素评估法。其中，职能工作分析法是以人员为导向的信息分析方法，任务清单分析系统及关键事件法是以工作为导向的信息分析方法。

4.1.1 职能工作分析法

1. 概念

职能工作分析法(Functional Job Analysis，FJA)，又称功能性职位分析法，是一种以工作为中心、以人员为导向的职位分析方法，也是一种典型的主题专家会议法，即将最熟悉该分析岗位的所有人员召集起来展开讨论，从而获得关于工作岗位详细信息的一种工作分析方法。

职能工作分析法主要是针对工作的每一项任务要求，分析从事该分析岗位的人员在完成这一工作任务的过程中应承担哪些责任，从而了解到若是要胜任该岗位，人员应当具备哪些通用技能、特定工作技能或适应性技能相关的信息。只有当人员将这三种技能相辅相成，才能帮助岗位人员更好地完成工作任务。简而言之，即了解工作者需要完成什么，并分析工作者完成这项工作需要怎么做，并且在此基础上得出该岗位的任职资格说明、绩效标准和相关培训需求。下面具体介绍这三种技能。

1) 通用技能

通用技能可以简单看作基础性技能，指的是从工作者与人、物、数据之间的关系中确定的技能，指个体依据个人的偏好和能力水平综合形成的处理事务、数据、人际关系的技能。通用技能包括沟通、阅读、写作、思考、头脑风暴激发创意的能力、数学(运算)、掌握学习策略及时间管理的能力。即要求人员理解符号、文档、报告或相关数据文件、数据图表及统计量所表达的意思，并能够做出一定的思考。同时能够在数学运算思维、逻辑思维和理性思维的指导下用正确、恰当的方式表达出来。表达又分为口头表达和书面表达，口头表达要求能够有效、清晰地表达所要传递的信息，使沟通双方能够顺利地达到自己的目的；书面表达是利用文字、图标、符号等方式将所要表达的内容或信息串联起来，让阅读者能够更快、更好地理解到笔者所要表达的意思等。简而言之，表达即是"听""说""读""写"。不仅如此，还要求人员具备一定的学习能力和创新思维，一方面是能够快速地学习新知识、新技术、新工艺，提高自身的人力资源价值和总体核心竞争力，另一方面是在遇到问题后，能够采用"新"的方式去看待事物、提供"新"的方法去解决问题完成工作。此外，通用技能还包括人员的时间管理能力，以时间"四象限"法为例，在开始工作之前应当对所需完成的事情进行整体规划，按照事情完成的紧急情况和重要程度将所有的工作事项划分为四个象限，将自己的更多精力放在处理紧急程度和重要程度更高的项目上，对于不是特别紧急或不是特别重要的事情，可以移交给其他人员进行处理等。人员拥有时间管理的思维和能力，能够更好地减少不必要的时间浪费，提升人员的工作效率。通用技能是在受教育或培训过程中，或者是在实际岗位上获得的，并且通过一定的、特定的工作情境进行强化。

2) 特定工作技能

特定工作技能，也可看作技术性技能，指应用于特定职业的一些技能，即某些人员在从事某一专业领域时，还需要掌握许多其他专业技能，在这些技能的帮助下能够更好地完成人员所在专业领域的工作任务。例如，考古学家在考古领域，并不是只掌握古人类学、古植物学等即可，还需要掌握同位素测年、文物修复、铭刻学、地质学、田野操作、考古技巧等。又如公司的 HR，并不是只掌握人力资源管理六大模块理论知识即可，在这个时代背景下，HR 要掌握计算机技术，学会运用更多的软件工具来帮助自己简化工作程序、提高工作效率，节约处理问题的时间和工作成本，此外还需要掌握劳动法、经济法或所处行业的法律法规，这在聘用、解聘人员或处理劳动纠纷时会发挥很大的作用。

3) 适应性技能

适应性技能指个体根据在实际工作情境中遇到的身体上的、交往上的及组织安排上的变化情况，灵活地处理各种相关问题或是突发问题的技能，即人员能够迅速适应环境的综合素质。就高等职业教育而言，是指受教育者使专业知识与社会实际需要相结合的能力，是超出某种具体的专业技能和知识范畴的能力，它是从业者的专业基本素质，而且不会因职业变更而消失。例如人际交往技能，人是群居动物，是一种社会性动物，因此与人交往不可避免。任何一份工作都需要和人进行沟通、协调、合作，这就需要一些熟练的人际交往技能。例如作为 HR，沟通就贯彻了人力资源管理的所有模块，在招聘与甄选环节中，HR 需要和应聘者进行沟通，通过交谈可了解不能通过简历简单描述出来的应聘者的信息，从而帮助 HR 更好地判断、甄选人员；在培训环节，培训不是简单地照本宣科，而是需要培训师与被培训人员之间的沟通、互动，使培训达到一定的目的；在绩效环节，绩效也不是简单地设立绩效考核标准，打分即可，而是需要 HR、主管人员针对绩效结果对人员进行绩效面谈，将绩效结果及时反馈等。适应性技能不仅包括人际交往技能，还包括冲动控制、团队协作能力、组织策划能力、领导能力等。

此外，职能分析法在工作分析领域的主要贡献之一是普通教育(General Educational Development，GED)量表，该表共包含三个变量，分别是推理能力、数学能力及语言能力，即当人员的能力得分达到该岗位职务的分析结果水平时，才能够更好地胜任该岗位。通过普通教育量表，能够更加详细地描述该分析岗位职务的任务，并且将任务具体落实到数据、人和物的关系上，有着明确的评估等级，使工作绩效有标准可依，甚至为确定培训内容或人才选拔标准提供依据，但因为评估过程的各种因素，使得评估难以把握，所以不好判断究竟是什么等级。

2. 优点

(1) 职能工作分析法是用来分析非管理性工作最常使用的一种方法，它既适用于对简单工作的分析，也适用于对复杂工作的分析。

(2) 对于所需技能与工作产出有直接联系的岗位，如科技人员和专业人士相关的岗位，职能工作分析法尤其奏效。职能工作分析法同样适用于现代组织结构，即纵向层次较少，强调灵活性，多种技能和团队合作的组织。

(3) 职能工作分析法对工作内容提供了一种非常彻底的描述，对培训的绩效评估非常有用，并且它的关键之处在于其系统性，能够为培训计划、培训项目的设计提供充分的参考依据。

3. 缺点

(1) 职能工作分析法由于对每项任务都要求做详细分析，因而撰写过程相当浪费时间和精力，与此同时，职能工作分析法并不记录与工作有关的背景信息，对于员工必备条件的描述也并不理想。

(2) 职能工作分析法并不适用于具有严密官僚化结构的组织。

4. 要点

(1) 工作描述语言的控制：工作者需要完成哪些工作及完成工作需要做什么。

(2) 工作者职能等级划分的依据：所有的工作都是工作者与资料、人、事项三个因素之间的相互关系，因此可以划分为资料职能、事物职能和人员职能三个部分。

(3) 完整意义的工作者：同时拥有通用技能、特定工作技能和适应性技能的人员，只有这三种技能相互影响相互促进，才能够帮助工作者更好地完成工作任务。

(4) 工作系统：一个完整的工作系统是由工作者、工作组织和工作三个要素组成的。

(5) 任务：在职能工作分析法中，任务作为工作的子系统及基本的描述单元。

(6) SME(Small and Medium Enterprises，中小型企业)：作为基本信息的来源，通过中小型企业来获得基本信息的可靠性和一致性及有效性和准确性。

使用职能工作分析法，还应考虑工作设施的匹配性、工作过程的细致描述、良好的工作环境条件及工作人员的工作态度。

4.1.2 关键事件法

1. 概念

关键事件法(Critical Incidents Technique，CIT)是 1954 年由美国学者福莱和伯恩斯共同创立的，它是通过确定关键的工作任务以获得工作上成功的一种方法。关键事件是指在一段时间之内，通常是半年或一年的时间段之内，收集工作成功或失败的行为特征或事件(如成功与失败、盈利与亏损、高效与低产等)。

关键事件法首先是要对关键事件进行编制，可以要求工作分析人员、管理人员及本岗位在职人员，也可以是对该岗位具体情境都比较熟悉的人，将工作过程中的"关键事件"详细地记录并描述该关键事件发生的原因和条件，准确地描述工作者的哪些行为产生了正面或是负面的效应，描述关键行为产生的一系列影响及这种结果是否真的是由工作者的行为所引发的，一般要提出几百个甚至几千个事件进行参考。在大量收集信息并且编写完成之后，通过熟悉该岗位的相关人员，如上级主管等，将事件转化为通过个人特征条目来描述的行为类别或行为维度，并将事件转化为人的基本行为属性，由工作分析专业人员将所有的事件进行归纳整理到 5～10 个同质行为维度中，对岗位的特征和要求进行分析研究的方法。其特殊之处在于基于特定行为的关键行为与任务信息来描述具体工作活动，为了更加有效地把握关键事件的本质与核心，管理人员可以利用 STAR 法对关键事件进行分析收集。STAR 法的"S"是 Situation，即情境，记录下事件发生时的情境；"T"是 Target，即目标，为什么要做这件事；"A"是 Action，即行动，就是员工在当时的情境下采取了什么样的行动；"R"是 Result，即结果，就是在这个情境下采取行动之后获得了什么样的结果。

2. 优点

(1) 关键事件法所研究的焦点集中在工作过程中实际的职务行为上，因为行为是可以通过观察得到和测量的，可以通过对职务的分析来确定行为的任何可能产生的利益和影响。

(2) 关键事件法可以确保管理人员在对下属员工的绩效进行考评考察时，所依据的是员工整个年度的表现，也就是可以使管理者在向下属员工解释绩效考评结果的时候有一定的事实依据，可以结合具体的例子告诉员工"你哪里做得不错，比如上次你在……"或"你的做法还需要再改进，例如你之前处理……"等，员工可以通过与实际案例相对照的方式来消除自己的不良绩效，从而改善自身的绩效，提高工作效能。

(3) 在工作者描述中使用关键事件技术所收集到的这些事件本身反映了实际情况，为推断关键的 KSAO(Knowledge Skill Ability Others，人力资源管理中对员工职业岗位资质的描述模型)，即为与工作有关的个人特征提供了一个逻辑基础。

(4) 关键事件法还采用了第二次转换，两重转换工作成为该方法极为重要的组成部分。虽然它不可能消除所有的主观性，但它确实提供了不同观点和交叉验证的机会。

3. 缺点

关键事件法也存在缺陷。首先，工作者的某些基本行为或"一般"行为可能会被忽略，尤其是在要求工作分析的人员注重工作中的极端事件时，如忽略了平均绩效水平等。其次，由于关键事件是对过去发生事情的报告，因此有可能在表述的过程中被扭曲。从观念中抽取实际的东西对分析者来说，需要极强的记忆力与极高的描绘技巧。关键事件技术的最大问题可能是它对实际事件的转换带有明显的主观性，并且要求所记录下的关键事件必须是"关键事件"，但是不同层级或岗位人员对"关键"事件的定义并非是相同的，因此运用关键事件法需要有极高的技巧。再次，关键事件法需要占用工作分析人员、管理人员及本岗位在职人员等的大量时间去搜集、整理分类及概括关键事件，会浪费大量的时间与精力。最后，关键事件法可能会使得员工产生焦虑，过分关注管理人员到底写的是什么内容。

4. 用STAR法记录关键事件应用实例

小吴是公司的物流专员，负责将从海外运过来的货物清关、报关，并把货物提出来，然后按照客户的要求运送。负责这一工作内容的一共有两个人，还有一个是小王，但是小王由于工作外出了，于是小吴一个人要负责这些货物的正常运送，晚上 9 点就有一个客户的大批量货物需要发出去，并要在当天晚上的 11 点准时运到客户那里。但是下午小吴突然得到了一个噩耗，他的祖父突发意外去世了，他与祖父的关系很好，因此祖父的去世让他感到很悲伤，但小吴的公司离家很远，因此并不能马上赶回老家，第二天才能到。虽然小吴很悲伤，但他还是办理完了这一批货物的进出口报关、清关的手续，并提前一个小时把货物从海关提出来发出去，货物及时地运送到了客户的手中。第二天小吴早早地出发赶往家里。

结合这个案例，运用 STAR 法将这件事情记录下来，具体如下。

- 情景(S)：小吴的祖父下午突然去世。
- 目标(T)：准时将货物运送到客户那里。
- 行动(A)：小吴没有马上赶回家，而是选择提前一小时将货物发出。
- 结果(R)：货物准时送到了客户那里，没有造成公司损失。

4.1.3 任务清单分析系统

1. 概念

任务清单分析系统(Task Inventory Analysis，TIA)是一种典型的以工作为导向的工作分析系统，一般由收集工作信息系统和分析工作信息系统构成。其中，收集工作信息系统是利用高度结构化的问卷，系统地收集该分析工作信息的一套方法与技术，收集分析对象的岗位编码、序列、岗位名称、所属关系，以及完成工作所需要的装备、工具及培训等。在信息收集过程中要注意明确调查对象和范围，选择合适的调查方式，但无论是什么调查方式，都需要注意调查结果的可靠性、一致性及有效性和准确性。此外还需要注意信息的来源，对于不同信息的收集可以选择不同的人员，例如关于工作是否完成的信息可以通过工作完成任职者本人来获得，也可以从经验更加丰富，对工作程序更熟悉的管理人员中来获得关于工作的定性信息。分析工作信息系统是与信息收集方法相匹配的用于分析、综合和报告工作信息的计算机应用程序软件，一般由任务清单分析系统回收的信息数据大部分是可以量化的，因此可以利用 SPSS 或 Excel 对数据进行处理、统计分析，对于部分不可以进行量化的数据，就需要通过整理，用简洁的文字描述出所要表达的工作信息。

若采用任务清单分析方法，则需要先设计出具有高信度和高效度的结构化量表。任务清单部分其实就是采用高度结构化的问卷把工作任务按照职责或其他标准，以一定的顺序排列起来，然后由任职者根据自己工作的实际情况，也就是在实际工作情境中若要完成该工作任务，该工作对于任职者的重要性及需要花费的时间等情况，对这些工作任务进行选择、评价等，最终对所做出的选择进行整理与总结，并形成该工作的工作内容。此外，任务清单的创建也可以采取目标分解与调查研究相结合的方法，例如，首先确定一个部门的部门任务、部门职能，其次通过目标分解将部门职能分解为必须要做的工作有哪些，再次将工作逐步分解为各个任务项目，然后按照一定的逻辑对这些任务项目进行编排，最后便形成了该分析部门的任务清单。或者运用观察法、工作日志法或文献法等进行工作任务描述。不仅如此，任务清单分析方法收集工作信息的问卷一般包括背景信息和任务清单两个部分。背景信息包括传记性问题及清单性问题：传记性信息就是类似姓名、性别、教育水平等的信息；而清单性问题则是有关于工作方面的背景信息，如工作任务进行时所要用到的工具设备等。任务清单除了上述的创建过程，还要根据任务清单不同的使用目的设计不同的评价维度，一般用到的评价维度有相对时间花费、重要程度及困难程度等，共划分为5 个等级，如表 4-1 所示。

表4-1　评价维度划分示例

评价维度	等级				
	1	2	3	4	5
相对时间花费	极少量时间	少量时间	平均时间	大量时间	极大量时间
重要程度	根本不重要	不重要	比较重要	重要	非常重要
困难程度	根本不困难	不困难	比较困难	困难	非常困难

2. 优点

(1) 信息可靠性较高，适用于确定所分析岗位的工作职责、工作内容、工作关系和劳动强度等方面的信息，并且在进行工作描述与分类、工作设计、人员培训、人员规划和流动及法律法规要求等方面比其他分析系统更加具有优势。

(2) 所需费用较少。

(3) 难度较小，更容易被任职者接受。

3. 缺点

(1) 对"任务"的定义难以把握,即难以明确什么样的活动或内容能被称之为"任务",结果导致"任务"的粗细程度不一,有些任务描述只代表一件非常简单的活动,有的任务描述却包含丰富的活动。

(2) 适用范围较小,只适用于工作循环周期较短、工作内容比较稳定、变化较小的工作。

(3) 整理信息的工作量大,归纳工作比较烦琐。

(4) 任职者在填写时,容易受到当时工作的影响,通常会遗漏其他时间进行而且比较重要的工作任务。

(5) 在设计结构化量表时,由于不同企业不同岗位的工作任务划分是不一样的,因此在实际运用中并不能直接采用,重新设计仍需要耗费很多的时间与成本,所以开放式问卷也具有一定的优势。

4. 应用范围

(1) 人员的招募与甄选:通过任务清单分析系统做好相关的工作任务分析,并通过完成该工作任务应当具备的人员能力与素质去招聘人员,并且选择合适的人员从事该岗位。

(2) 绩效考核:通过对工作任务指标的详细划分,在绩效考核时能够有十分真实且详尽的标准去与员工的实际工作行为做比对,从而降低绩效考核的难度,提高绩效考核的可靠性和有效性。

(3) 薪资管理:由于员工的薪资管理多半与绩效考核的结果相挂钩,因此使用任务清单分析系统也可以使薪资构成更加合理,尤其是在使用宽带薪酬的企业中,可以使员工的工作更有发挥空间,激发员工的工作热情与积极性。

(4) 培训开发:通过工作任务分析,可以了解到员工现有的工作能力与岗位要求的差距,从而更加有针对性地制订培训计划、设计培训课程。

(5) 工作分类:通过任务清单分析系统进行工作任务分析,可以更清晰地判断出不同的工作之间的共通性、相似性,从而根据所需要的性质对不同的工作进行分类。

4.1.4　胜任力素质模型

1. 概念

胜任力(Competency)素质模型，指认知中为了更好地完成某项工作，达到某个绩效目标，应该具备的系列不同素质要求的集合，也可以成为员工产生工作绩效各种特征的集合。胜任力就是指任职的胜任素质，即任职者的个人能力是否能够与岗位要求的能力相匹配，虽然知识与个人能力是相互关联的，但知识并不一定代表了个人能力的高低，衡量一个人的个人能力，还需要了解这个人的学习能力、组织策划能力、领导能力、创新能力、人际沟通能力等。一个人的知识和技能等外显胜任力可以通过外在的表现来为其他人所理解，但并不能完全地体现出这个人的个人能力如何，不能很可靠地说明这个人是否能够胜任该岗位。一个人的综合能力素质就像一座冰山，从表面只能看见"冰山一角"，掩藏在冰山下面的是通过表面表现、行为无法感知和察觉的，于是仍需要对任职者的一部分潜藏的素质进行测评，如任职者的自我形象、价值观、态度与认知、气质、IQ 和 EQ 及 AQ 等心理特征，以及任职者的个性、内驱力，或者是遇到问题时个人应变的灵活性、客户满意等，它可以通过这些内在的特征去更好地反映出任职者是否能够有潜力、有能力胜任某一个工作岗位。一个详细的胜任力素质模型应当包含以下三个要素：①胜任特征名称，即各种胜任要素的名称；②胜任特征描述，即对各种胜任要素的特征进行具体、详细的描述；③行为指标等级的操作性说明，即将各种行为指标划分等级，反映胜任特征行为表现的差异。胜任力素质模型的构建不仅与企业文化导向相关，同时还与企业战略、企业创造价值模式、企业发展阶段及企业组织模式有着紧密的联系。

2. 模型

1) 洋葱模型

洋葱模型中的各种核心要素由内至外分别是动机、个性、自我形象与价值观、社会角色、态度、知识、技能。动机是人类行为的基础个体被目标或目的所引导、推动而采取行动的内在心理过程或内部动力，通过"激励"使物体产生内驱力，努力达成目标。个性也可以称"人格"，是个体对外部环境及各种信息等的反应方式、倾向与特性，可以看作个体的价值观、理想信念、感知等，是区别个体与其他个体的整体特征。自我形象更多的是对于个人形象的感知，是指个体对其自身的看法与评价。社会角色是在社会系统中与一定社会位置相关联的符合社会要求的一套个人行为模式，也可以理解为个体在社会群体中被赋予的身份及该身份应发挥的功能。每个社会角色都有着自己的责任和行为标准。态度是个体的自我形象、价值观及社会角色综合作用外化的结果，包含个体的主观评价及由此产生的行为倾向性。知识是个体在某一特定的专业领域所拥有的事实型与经验型或使用型的信息。技能是个体结构化地运用知识完成某项具体工作的能力，简而言之，就是如何"学以致用"，将理论性知识与实际运用结合起来。洋葱模型是把胜任素质由内到外概括为层层包裹的结构，最核心的是动机，然后向外依次展开是个性、自我形象与价值观、社会角色、态度、知识、技能。越向外层，越易于培养和评价；越向内层，越难以评价。洋葱模型如图 4-1 所示。

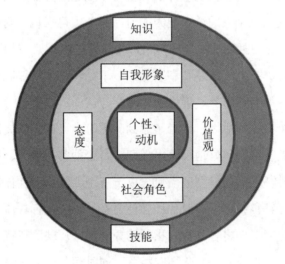

图4-1　洋葱模型

2) 冰山模型

美国著名心理学家麦克利兰于1973年提出了一个著名的素质冰山模型，如图 4-2 所示。冰山模型，是将人员个体素质的不同表现形式划分为表面的"冰山以上部分"和深藏的"冰山以下部分"。其中，"冰山以上部分"包括知识经验、专业技能，是外在表现，是容易了解与测量的部分，相对而言也比较容易获得或通过培训来改变和发展。而"冰山以下部分"包括自我意识、个性和动机等，是人内在的、难以测量的部分，它们不太容易通过外界的影响而得到改变，但却对人员的行为与表现起着关键性的作用。

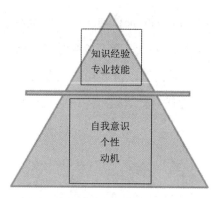

图4-2　冰山模型

3. 优点

(1) 胜任力素质模型脱离传统的以岗位为导向进行工作分析的思路，结合当下的时代背景及高绩效员工的特点，可以使工作分析更加准确和可靠。通过胜任力素质模型，可以更加直观地了解到所分析岗位人员需要具备哪些方面的素质能力。

(2) 胜任力素质模型在人才选拔的应用中，不仅可以帮助管理人员考察人员的个人知识水平和技能水平，还能够充分地挖掘出人才的潜在能力，能够为企业招揽更多有潜力、有能力的高素质人才，并且通过胜任力素质模型，可以使招聘到的人员做到能岗匹配，满足招聘的基本要求。

(3) 若是采取胜任力模型，可以对员工的现有能力素质进行评估，对比岗位的胜任要求就可以更有效地确认培训的需求与目的。若是严格按照岗位的要求对员工进行有效的、更加有针对性的培训，那么就能更有效地去开发员工的潜力，进一步提高员工的岗位胜任力，增强培训的效果。

(4) 应用胜任力素质模型有利于简化绩效评价过程，并且能够使员工的绩效评价更加公平、准确，使员工能够明确自己的不足，从而更好地改进绩效。不仅如此，通过胜任力素质模型，还可以使管理者对员工日常的工作行为进行监控和约束，从而改善员工的工作绩效。

(5) 胜任力素质模型下，能够帮助管理者为员工制定更恰当的晋升发展渠道，也是激励员工的一种方式，同时有助于员工认识自身能力，提升自身能力，帮助并引导员工选择更加适合自己的职业发展途径。

4. 缺点

(1) 胜任力素质模型更加适用于中低层岗位，对于高层岗位的效果可能不会很显著，能够做到高层岗位人员的能力与具体的岗位要求一般差距并不会很大，通过胜任力素质模型，对其的效果可能也不大，并且还会浪费人员的时间和精力。

(2) 在企业中运用胜任力素质模型，需要耗费较多的时间去细分各个岗位的能力素质要求；若是向机构购买已有的胜任力素质模型，则岗位模型中的要求与企业中实际岗位需求可能并不匹配。

5. 应用

胜任素质的应用于 20 世纪 50 年代初起源于美国。胜任力素质模型的应用是一项系统性的工作，简单来说，提高工作效率是要提高人员的工作能力，但更重要的是能够做到人岗匹配，若是个人能力比岗位要求的素质能力更高，那么虽然效率提高，但会造成人力成本的浪费；但若是个人能力跟不上岗位要求素质能力，那么就会使工作者完成工作任务很吃力，这样工作效率自然而然不会高。胜任素质涉及人力资源管理的各个方面，许多著名企业的使用结果表明，这种方法可以显著地提高人力资源的质量，强化组织的竞争力，促进企业发展目标的实现，不仅比较受大多数教师的推崇，而且在企业实操中也有着广泛的运用。

4.1.5　O*NET系统训练法

1. 概念

O*NET 系统训练法(Occupational information network，O*NET，职业信息收集)，是一种由美国劳工部组织开发，基于网络的、综合了问卷法和专家访谈法等各种工作分析方法，吸收了多种工作分析问卷，如职位问卷(Position Analysis Questionnaire，PAQ)、通用工作分析问卷(Common metric Questionnaire，CMQ)等的优点，能够充分考虑组织情境、工作情境及职业的特定要点，将工作信息和工作者特征等统合在一起的分析方法。同时，O*NET 系统作为全美标准职业分类与职业分析的专业信息网，是职业信息网的核心，在引导全美职业教育、教育鉴定及职业培训等方面起到了十分重要的作用，在很大程度上体现了社会和组织环境对工作的影响和作用，具有较好的信度。目前，O*NET 系统已取代职业名称词典(Dictionary of Occupational Titles，DOT)是美国广泛应用的工作分析工作系统。O*NET 系统训练法的内容模型中包含了以下五个要素：①任职者特征，包括任职者的个人能力、职业价值观及工作风格；②任职者要求，包括任职者接受的教育与知识、所掌握的基本技能及跨功能技能；③任职者的经验要求，包括任职者获得的技能证书、工作经验及培训经验等；④工作要求和工作特定要求，工作要求中主要包括的是一般工作活动有哪些及工作和组织的情境，工作特定要求中包括一些任职该岗位的职业技能和基本知识、明确岗位的任务与职责，以及要完成工作必须具备的一些设备和工具；⑤职业特征，要了解岗位所在的行业的相关信息及劳动力市场信息，了解岗位的发展前景及薪资水平。

2. O*NET问卷

O*NET 分析系统的问卷主要有以下三种。

1) 工作技能问卷

O*NET 的工作技能问卷用来测试圆满地完成一项工作所需的技能，主要包含 35 项技能，根据技能的性质可以分为基本技能(Basic Skills)、社会技能(Social Skills)、技术技能(Technical Skills)、解决复杂问题的技能(Complex Problem Solving Skills)、系统技能(System Skills)、资源管理技能(Resource Management Skills)六个类别。

(1) 基本技能指的是能够帮助基础调查者进一步掌握更加高深的知识、复杂技术或是更加快速地获取知识的能力。

(2) 社会技能是指能够得到更多同伴的接纳，通过与人合作来实现目标的能力，包括人际交往技能、合作技能等。

(3) 技术技能指的是能够运用某一个专业领域的知识技术和方法的能力，如设计、安装、操作及维修机器或技术系统故障的能力。

(4) 解决复杂问题的技能要求工作者不仅拥有能够解决问题的能力，并且要具备在实际的、复杂的工作情境中，采用开放的思维去解决复杂的、新颖的、界定不良的问题的能力。

(5) 系统技能是指理解、监视及提高社会—技术系统的能力。

(6) 资源管理技能是指能够有效地分配各种资源，并且达到资源利用最大化的能力。

2) 工作风格问卷

O*NET 的工作风格问卷用来测试可以影响调查者工作绩效的个人特质，主要包括 16 个题项，根据考察导向可以分为成就导向(Achievement orientation)、社会影响(Social influence)、人际关系导向(Interpersonal orientation)、自我调整(Adjustment)、责任心(Conscientiousness)、独立性(Dependence)和实践智力(Practical intelligence)七个类别。

(1) 成就导向是指个人的内激励更强，为了取得工作环境中的胜任力而奋斗，个人希望能够更加出色地完成工作任务，愿意去从事更加有挑战性的工作，在面临困难与障碍的时候仍然坚持，为自己设定高绩效标准和目标，用高标准来要求自己、驱动自己，不断地追求工作上的进步。在企业中，一般具有高成就导向的人员能够更加出色地完成工作任务，并且能够做出更加优秀的业绩。

(2) 社会影响是指对于他人的态度和行为所产生的作用，也就是说社会影响反映的是人的影响和说服力。在组织中，每个人都是相互影响、相互作用的，若是个体的社会影响力更高，那么接受者的接受程度就更高，有利于信息、思想观念的传播。

(3) 人际关系导向的人员会将人际关系作为选择行动及采取行动的依据，在组织中往往表现出对他人的情绪状态更加敏感，不愿意和他人交恶，因此一般在工作场合中能与他人友好相处。

(4) 自我调整指的是个体对自己的情绪、整体心理状态的控制能力比较好，即便身处在压力情境下，也可以对自己进行调整，保持平静、沉着和理性。

(5) 责任心是指对待工作更加细心、有计划、可靠并且是可以依赖的，以及承认权威，一个有责任心的员工能够为成功完成工作而保持高度的工作积极性和热情，更加愿意为他人提供帮助，做一些自己力所能及但并非是自己的工作职责的事情。

(6) 独立性指的是员工在工作过程中，在很少或无监管的条件下可以进行有效的工作，能够独立地、积极主动地处理事情，并且能建立自己的做事方式。

(7) 实践智力是指工作时产生有用的主意，有时一件事情自己是没办法完成的，更多的时候是与他人一起分担，并能够利用逻辑，更好地去思考问题。

3) 工作价值观问卷

O*NET 的工作价值观问卷主要是测试被调查者当下的职位中，对个人满意度的工作特点，共包含 21 个项目，根据不同的特点分为成就(Achievement)、独立性(Dependence)、认可(Recognition)、关系(Relationship)、支持(Support)、工作条件(Working Conditions)六个类别。

(1) 成就与 O*NET 的工作风格问卷中的成就导向是不同的，此处是指工作是结果导向的，即更加看重工作的结果，一旦结果出现之后，过程也不再有实际的意义。

(2) 独立性也与 O*NET 的工作风格问卷中的独立性不一样，此处不仅希望员工能够在工作中独立，还希望员工能够独立地做出一些决策。

(3) 认可是指员工当前的工作有提供晋升空间及领导方面的潜力，你所完成的工作能够得到同事或领导的肯定及尊重。

(4) 关系是指工作允许职员为他人提供服务、帮助的同时，与同事保持在一种友好的、非竞争性的环境中的合作。

(5) 支持是指工作为职员提供管理支持。

(6) 工作条件是指工作为任职者所提供的工作保障及好的工作条件。

我们可以通过网站 https://www.onetonline.org/访问 O*NET 职业信息数据库,该网站是由美国国家 O*NET 开发中心为美国劳工部开发的,包含一切与职业相关的、需要具备的技能、知识、能力、工作任务等,并且持续更新当下的职业信息,可以提供更方便、更快捷、更准确的职业数据搜索功能,为管理者制定职业分析时提供便利,使职位分析者能够快速、轻松地开发有效的职位描述。

上述三种问卷对每个项目、类别的等级内涵都有十分清晰的界定,并且要求在 5 点量表中,即不重要、有点重要、重要、非常重要、极其重要,分别赋值 1~5 分,从而对每一个项目进行评估。

3. 原则

O*NET 系统训练法遵循以下三个原则,同时与其他的工作分析方法相比较起来,它的优点也就是在于它遵循了以下三个原则。

(1) 多重描述(Multiple Windows)原则:O*NET 设计了多重指标系统(如工作行为、能力、技能、知识和工作情境等),不仅考虑所分析的职位,还考虑整个社会情境和组织情境对工作的影响、作用。

(2) 共同语言(Common Language)原则:该系统具有跨职位的指标描述系统,为描述不同的职位提供了共同语言,即使不同的职位描述有了标准,从而使不同职业之间的比较成为可能。

(3) 职业描述的层级分类(Taxonomies and Hierarchies of Occupational Description)原则:O*NET 运用了分类学的方法对职位信息进行分类,使职业信息能够广泛地被概括,使用者还可以根据需要选择适合自己的从一般到具体不同层次的工作描述指标。

4.1.6　海氏三要素评估法

1. 概念

海氏三要素评估法由美国专家爱德华·海于 1951 年提出,是现在国际上使用最广泛的岗位评估方法之一。海氏三要素评估法是从岗位作业流程的角度对职位的价值进行评估,它将所有职位所包含的付酬因素抽象为三种具有普遍适用性的因素,即知识水平与技能技巧、解决问题能力和职务责任,具体如下。

(1) 知识水平与技能技巧细分为专业知识技能、管理技巧与人际关系技巧三个子因素，赋值范围分别是1～8、1～5和1～3。①专业知识技能所划分的等级分别是基本的、初等业务的、中等业务的、高等业务的、基本专门技术、熟练专门技术、精通专门技术及权威专门技术。②管理技巧的等级分为起码的、相关的、多样的、广博的和全面的。③人际关系技巧所划分的等级是基本的、重要的、关键的。

(2) 解决问题能力分为思维环境、思维挑战两个子因素，赋值范围分别是1～8、1～5。①思维环境可划分为高度常规化的、常规化的、半常规化的、标准化的、明确规定的、广泛规定的、一般规定的及抽象规定的八个标准。②思维挑战可划分为重复性的、模式化的、中间型的、适应性的及无先例的五种标准。

(3) 将职务责任分为行为自由度、职务对后果形成的作用及职务责任大小三个子因素，赋值范围分别是1～9、1～4和1～4。①行为自由度可划分为有规定的、受控制的、标准化的、一般性规范的、有指导的、方向性指导的、广泛性指导的、战略性指引的及一般性无指引的九个等级。②职务对后果形成的作用可划分为后勤、辅助、分摊、主要四个等级。③职务责任大小可分为微小、少量、中量和大量四个等级。

经过评价之后，将所得分值加以综合，算出各个工作职位的相对价值，其计算公式为：知识水平与技能技巧×(1+解决问题能力%)×α+职务责任×β。公式中的α和β系数，将根据职务的"职务形态构成"，赋予这三个不同的因素以不同的权重，即分别向知识水平与技能技巧、解决问题的能力两因素与责任因素指派代表其重要性的一个百分数，这两个百分数之和为100%。根据一般性原则，我们粗略地确定以下三种类型：①"上山型"，指此类岗位的职务责任比知识水平与技能技巧及解决问题的能力更加重要，如公司总裁、销售经理、负责生产的干部等；②"下山型"，指此类岗位的职务职责没有知识水平与技能技巧及解决问题能力重要，如科研开发干部、市场分析干部等；③"平路型"，指知识水平与技能技巧和解决问题能力在此类职务中与职务责任并重，平分秋色，如会计、人事等职能干部。两组因素的权重分配分别为40%+60%、70%+30%、50%+50%。

2. 优点

(1) 海氏三要素评估法在全球范围内成功的案例较多，被企业界广泛接受。

(2) 对于岗位类型单一、专业类别差异较小的企业更具有操作性和适应性。

(3) 如果是企业对自身进行职位评估，在对企业内部的岗位作业流程更加熟悉、对评估要素的标准把握得更加准确的情况下，那么海氏三要素评估法将会是一个很好的选择。

(4) 海氏三要素评估法相对花费的成本较低。

3. 缺点

(1) 对于行业中存在多个不同专业领域，并且专业之间跨度较大、岗位之间的工作任务与方法差异较大的，单纯使用海氏三要素评估法的纵向排序难以准确地评价不同专业岗位的价值高低。

(2) 海氏三要素评估法是在制造业时代背景下出现的，因此更加适用于制造业企业，适用范围并不广泛，而且也不适合新兴产业的工作岗位分析。

(3) 海氏三要素评估法缺乏整体性，更加偏向于管理类型的职位评估。

4.2 实战训练

工作分析的分析阶段模块中囊括了工作分析的六种分析方法。结合案例背景，系统注重训练职能工作分析法、关键事件法、任务清单分析系统三种工作倾向性的方法，并且在工作分析的分析阶段中分别展示了临界特质分析系统、工作要素法、管理人员职务描述问卷和职位分析问卷四种人员倾向性的方法，如图 4-3 所示。在核心模块中还有胜任力素质模型、O*NET 系统训练法及海氏三要素评估法的介绍，如图 4-4 所示。

图4-3 分析方法一

图4-4　分析方法二

4.2.1　职能工作分析法应用

学生通过老师提供的账号、密码登录系统后，单击"职能工作分析法"，进入相应界面，如图 4-5 所示。

图4-5　"职能工作分析法"界面

系统自动分组，界面左上角显示小组成员，右侧显示角色及当前所在组的组数，一个小组内只有一个成员是专家身份，也只有"专家"有填写最后结果的权限。

小组讨论分组完成后，专家单击"结果填写"按钮，需要填写的内容有岗位信息、相应的培训需求及该岗位工作任务完成情况的绩效指标。若有多个岗位需要分析，则单击"添加"按钮，完善上述信息后单击"确定"按钮即可，如图 4-6 所示。

职能工作分析法结果填写
岗位
培训
绩效
请输入岗位信息
确定
添加
删除

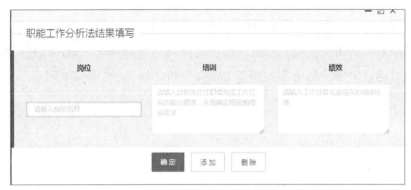

图4-6　职能工作分析法结果填写

4.2.2　关键事件法应用

单击“关键事件法”按钮，查看页面内容，如图 4-7 所示。

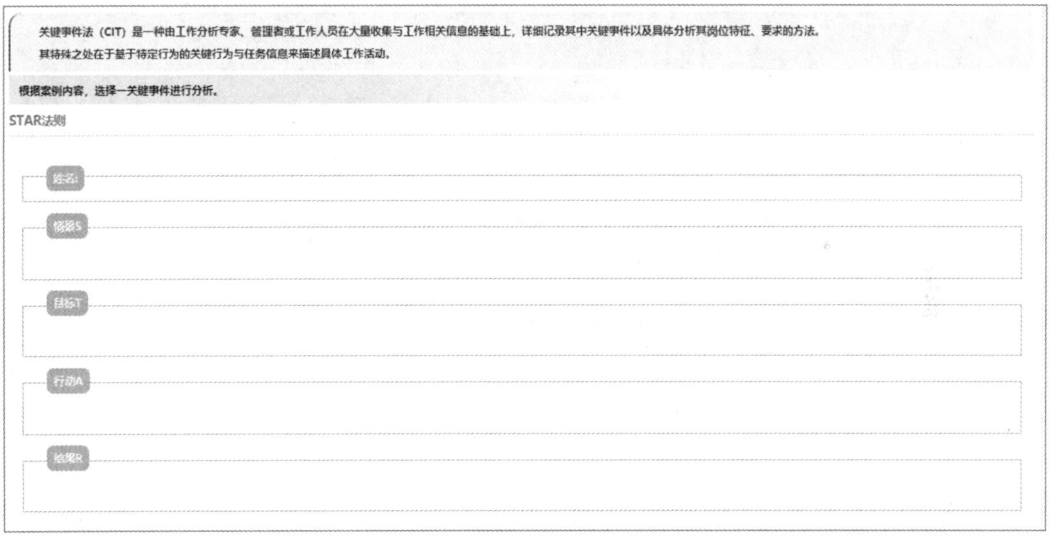

关键事件法（CIT）是一种由工作分析专家、管理者或工作人员在大量收集与工作相关信息的基础上，详细记录其中关键事件以及具体分析其岗位特征、要求的方法。
其特殊之处在于基于特定行为的关键行为与任务信息来描述具体工作活动。
根据案例内容，选择一关键事件进行分析。
STAR法则
姓名:
情景S
目标T
行动A
结果R

图4-7　“关键事件法”界面

学生根据案例填写页面内容。需要填写的内容采取的是 STAR 法，要求学生对案例中的一个关键事件的情景 S(事件是在什么样的情况下、情景中发生的)、目标 T(这个事件所要完成的工作任务是什么)、行动 A(事件的参与者根据事件的情况采取了什么行动)及结果 R(事件的参与者在采取了上述行动之后产生了什么样的结果)进行填写，并写上记录人的姓名及最后参与实训者对该关键事件的结果的分析和判定，可以是分析导致该关键事件结果的原因及判定事件参与者所采取的行动的合理性。需要注意的是，在填写 STAR 法的内容时，描述不要过于冗长，将情况概括性、有条理性、简洁明了地描述出来即可。但如果根据案例的情况及思路有多个关键事件需要进行分析，则单击下方的“添加 STAR 模型"按钮，即可在现有页面的下方再增加一个 STAR 模型。按照上述要求将内容填写完成后，单击"提交"按钮，在核对好信息后单击"完成"按钮，即完成了该模块。学生可通过单击"解析"按钮查看有关分析的解析，如图 4-8 所示。

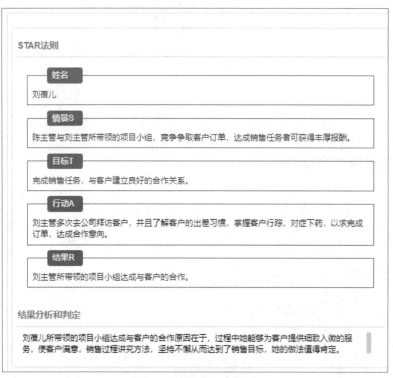

图4-8　关键事件法解析

4.2.3　任务清单分析系统应用

单击"任务清单分析系统"按钮，进入相应界面，如图 4-9 所示。

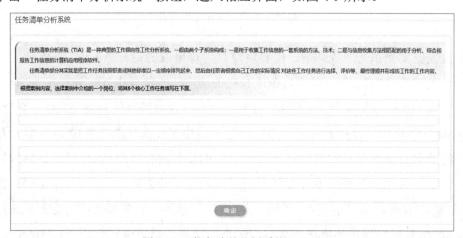

图4-9　"任务清单分析系统"界面

　　学生根据案例描述，选择案例中所介绍的一个岗位，填写其六项核心任务，单击"确定"按钮，生成核心任务，并在页面下方补充该岗位的工作任务，如图 4-10 所示。

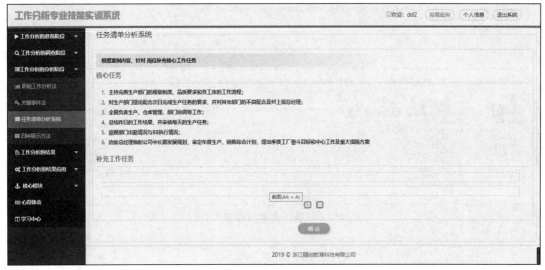

图4-10　补充工作任务

　　核对好信息后，单击"完成"按钮即可完成该模块。学生可以通过单击"解析"按钮查看有关的解析，如图 4-11 所示。

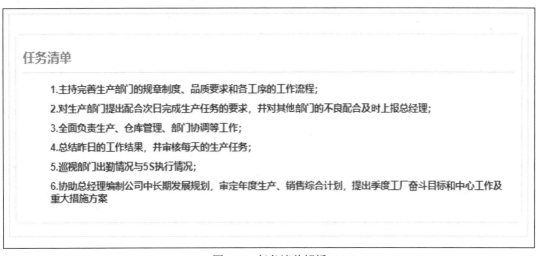

图4-11　任务清单解析

4.2.4　胜任力素质模型应用

　　单击"胜任力素质模型"按钮，进入相应界面。该模块介绍了经典胜任力素质模型训练的概念、结构、要素，单击"洋葱模型"和"冰山模型"，学习相关内容，如图 4-12 所示。

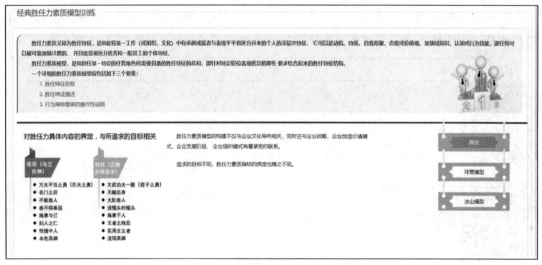

图4-12 "胜任力素质模型"界面

1) 岗位名称确定

根据案例内容，选择某一岗位来构建胜任力素质模型。此处以案例中的销售人员为例。

2) 初选胜任力素质指标

根据确定的岗位名称，逐步填写"公司战略目标""岗位职责要求""员工表现对比"，如图 4-13 所示。

图4-13 初选胜任力素质指标

(1) 公司战略目标。

阅读案例，根据岗位的特征，选择公司战略下销售人员的素质指标，如图 4-14 所示。

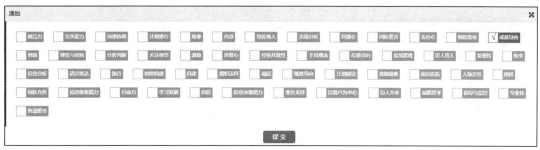

图4-14　选择公司战略下销售人员的素质指标

(2) 岗位职责要求。

阅读案例，根据岗位的特征，选择销售人员的岗位职责要求，如图 4-15 所示。

图4-15　岗位职责指标选择

(3) 员工表现对比。

阅读案例，根据岗位的特征，选择员工对比表现中销售人员应具备的良好素质，如图 4-16 所示。

图4-16　员工表现指标选择

3) 核心胜任力素质指标

在上述选择的项目中，勾选有关销售人员的核心素质指标，单击"确定"按钮，如图 4-17 所示。

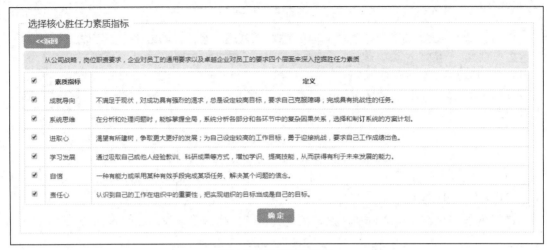

图4-17　核心素质指标

4) 明确绩效指标

明确各指标的定义、级别及描述等内容，如图 4-18 所示。从图中可以看出，岗位级别越高，相关岗位描述就越高，指标也就越好。

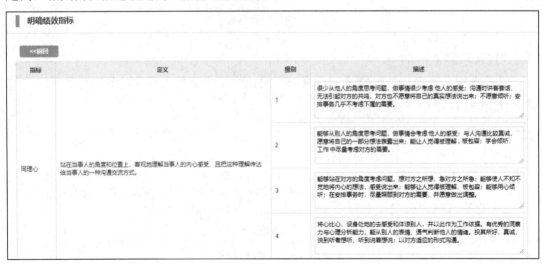

图4-18　明确绩效指标

5) 生成胜任力素质模型

单击"生成胜任力素质模型"按钮，形成胜任力素质模型，如图 4-19 所示。

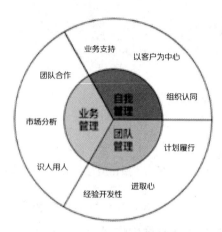

图4-19 胜任力素质模型图

在构建胜任力素质模型实训过程中，根据选择不同会形成不同的胜任力素质模型，有冰山模型、洋葱模型，学生可根据所选岗位的情况进行实战训练。

单击"下一步"按钮，填写表格，需要对素质指标要求达到的层级进行一个判定，如图 4-20 所示。

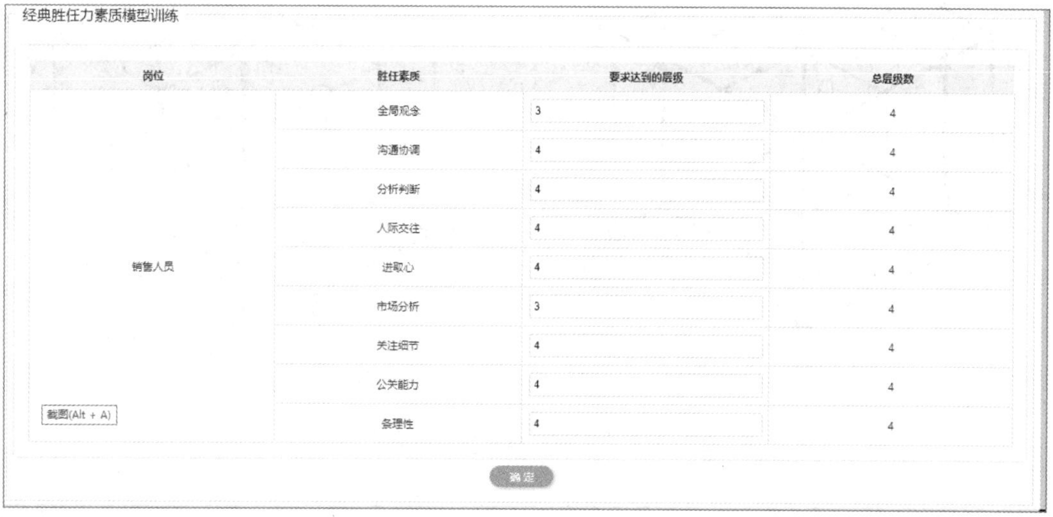

岗位	胜任素质	要求达到的层级	总层级数
	全局观念	3	4
	沟通协调	4	4
	分析判断	4	4
	人际交往	4	4
销售人员	进取心	4	4
	市场分析	3	4
	关注细节	4	4
	公关能力	4	4
	条理性	4	4

图4-20 素质指标层级判定

根据绩效指标等级划分描述，对层级进行判定后单击"确定"按钮，系统显示候选人的能力情况，学生根据销售人员的胜任力素质模型做出判断，选择晋升候选人员 A 或候选人员 B，如图 4-21 所示。

| 候选人员A | 领导能力
5 | 创新能力
4 | 解决问题技能
4 | 组织技能
3 | 优先主次能力
3 | 团队合作
3 | 主动性
3.5 |
| 候选人员B | 领导能力
3 | 创新能力
4 | 解决问题技能
3 | 组织技能
1 | 优先主次能力
2 | 团队合作
2 | 主动性
2.5 |

选择晋升员工

候选人员A   候选人员B

晋升

2019 © 浙江精创教育科技有限公司

图4-21　胜任力素质模型在员工晋升中的应用

选择人员晋升后，便会对这个人员的标准能力指标和个人能力指标进行一个判定。标准能力指标和个人能力指标中都包括逻辑推理能力、公司知识、产品知识、人际沟通能力、团队意识及诚信意识，要求分析人员针对这两个指标设计对该晋升人员的培训需求，如图 4-22 所示。

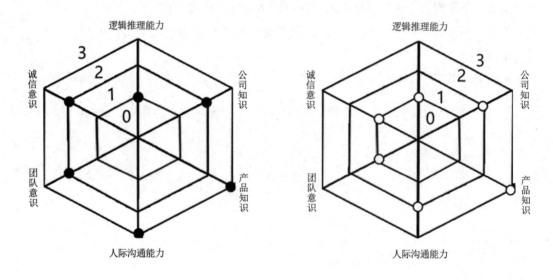

图4-22　胜任力素质模型在培训需求中的应用

4.2.5　O*NET系统训练法应用

单击"O*NET 系统训练法"进入相应页面，页面中对 O*NET 系统训练法的概念，以及 O*NET 系统训练法分析过程中会用到的工作技能问卷、工作风格问卷及工作价值观问卷进行了一个简单的介绍，如图 4-23 所示。

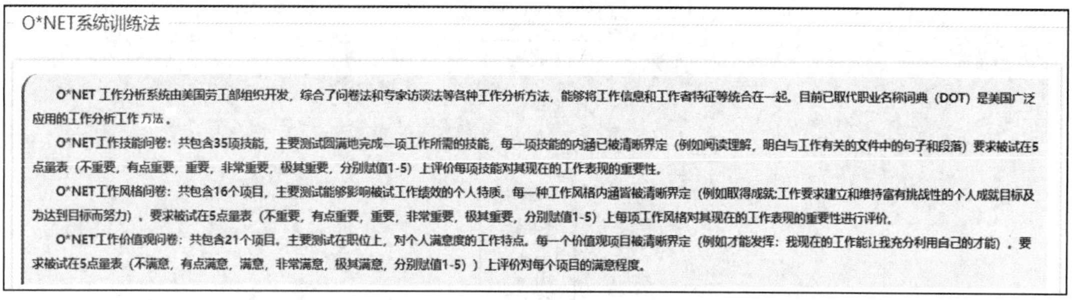

O*NET系统训练法

O*NET 工作分析系统由美国劳工部组织开发，综合了问卷法和专家访谈法等各种工作分析方法，能够将工作信息和工作者特征等统合在一起。目前已取代职业名称词典（DOT）是美国广泛应用的工作分析工作方法。

O*NET 工作技能问卷：共包含35项技能，主要测试圆满地完成一项工作所需的技能，每一项技能的内涵已被清晰界定（例如阅读理解，明白与工作有关的文件中的句子和段落）要求被试在5点量表（不重要，有点重要，重要，非常重要，极其重要，分别赋值1-5）上评价每项技能对其现在的工作表现的重要性。

O*NET 工作风格问卷：共包含16个项目，主要测试能够影响被试工作绩效的个人特质。每一种工作风格内涵皆被清晰界定（例如取得成就:工作要求建立和维持富有挑战性的个人成就目标及为达到目标而努力），要求被试在5点量表（不重要，有点重要，重要，非常重要，极其重要，分别赋值1-5）上每项工作风格对其现在的工作表现的重要性进行评价。

O*NET 工作价值观问卷：共包含21个项目，主要测试在职位上，对个人满意度的工作特点。每一价值观项目被清晰界定（例如才能发挥:我现在的工作能让我充分利用自己的才能），要求被试在5点量表（不满意，有点满意，满意，非常满意，极其满意，分别赋值1-5）上评价对每个项目的满意程度。

图4-23　O*NET系统训练法简介

学生需要结合案例的内容选择一个岗位进行分析，选择后，系统自动生成关于该岗位的一些信息，主要包括成就动机/努力、毅力、阅读理解、积极地倾听、才能发挥及成就感，并且分为不重要、有点重要、重要、很重要、非常重要五种程度，如图4-24所示。

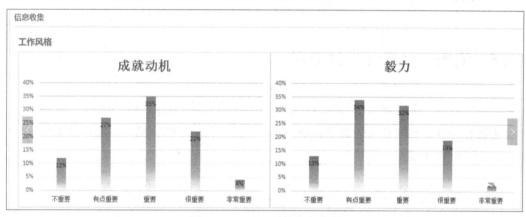

图4-24　O*NET系统信息收集

分析数据，将分析结果即工作风格、工作技能、工作价值观填入表中，如图4-25所示。

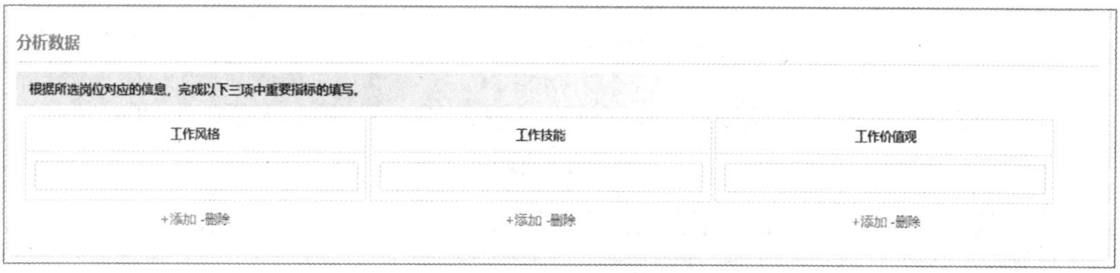

图4-25　分析数据

填写完后，单击最下方的"确定"按钮，跳转新页面，生成所选岗位的素质模型。单击"解析"按钮，查看有关分析的解析，如图4-26所示。

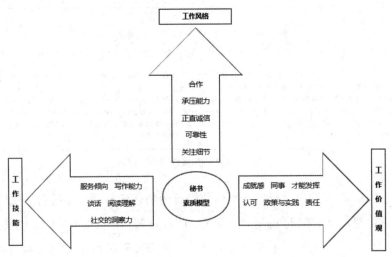

图4-26　O*NET系统模型

4.2.6　海氏三要素评估法应用

单击"海氏三要素评估法"进入页面，页面中对海氏三要素评估法的概念，以及海氏三要素评估法计算类型及每种类型的得分的计算公式有简单的介绍，如图 4-27 所示。

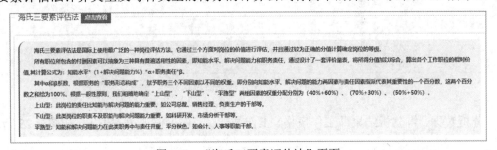

图4-27　"海氏三要素评估法"页面

单击"查看"按钮，显示海氏工作评价指导图表之一——技能水平，如图 4-28 所示。

海氏工作评价指导图表之一——技能水平

管理决窍 人际关系 专业 理论知识	起码的			相关的			多样的			广博的			基本的
	基本的	重要的	关键的	基本的	重要的	关键的	基本的	重要的	关键的	基本的	重要的	关键的	
基本的	50	57	66	66	76	87	87	100	115	115	132	152	152
	57	66	76	76	87	100	100	115	132	132	152	175	175
	66	76	87	87	100	115	115	132	152	152	175	200	200
初步业务的	66	76	87	87	100	115	115	132	152	152	175	200	200
	76	87	100	100	115	132	132	152	175	175	200	230	230
	87	100	115	115	132	152	152	175	200	200	230	264	264
中等业务的	87	100	115	115	132	152	152	175	200	200	230	264	264
	100	115	132	132	152	175	175	200	230	230	264	304	304
	115	132	152	152	175	200	200	230	264	264	304	350	350
高等业务的	115	132	152	152	175	200	200	230	264	264	304	350	350
	132	152	175	175	200	230	230	264	304	304	350	400	400
	152	175	200	200	230	264	264	304	350	350	400	460	460
基本专门技术	152	175	200	200	230	264	264	304	350	350	400	460	460
	175	200	230	230	264	304	304	350	400	400	460	528	528
	200	230	264	264	304	350	350	400	460	460	528	608	608
熟练专门技术	200	230	264	264	304	350	350	400	460	460	528	608	608
	230	264	304	304	350	400	400	460	528	528	608	700	700
	264	304	2350	350	400	460	460	528	608	608	700	800	800
精通专门技术	264	304	350	350	400	460	460	528	608	608	700	800	800
	304	350	400	400	460	528	528	608	700	700	800	920	920
	350	400	460	460	528	608	608	700	800	800	920	1056	1056
权威专门技术	400	460	528	528	608	700	700	800	920	920	1056	1216	1216
	460	528	608	608	700	800	800	920	1056	1056	1216	1400	1400

图4-28　海氏工作评价指导图表之一——技能水平

海氏工作评价指导图表之二——解决问题的能力，如图 4-29 所示。

海氏工作评价指导图表之二 ——解决问题的能力（%）

思维难度＼思维环境	重复性的	模式化的	中间型的	适应性的
高度常规性的	10-12	14-16	19-22	25-29
常规性的	12-14	16-19	22-25	29-33
半常规性的	14-16	19-22	25-29	33-38
标准化的	16-19	22-25	29-33	38-43
明确规定的	19-22	25-29	33-38	43-50
广泛规定的	22-25	29-33	38-43	50-57
一般规定的	25-29	33-38	43-50	57-66
抽象规定的	29-33	38-43	50-57	66-76

图4-29　海氏工作评价指导图表之二——解决问题的能力

海氏工作评价指导图表之三——承担的职务责任，如图 4-30 所示。在图表中将几个类型的指标的等级进行了详细的划分，为后续的评价提供了参考数据。

海氏工作评价指导图表之三 ——承担的职务责任

职务责任		大小等级（金额范围）															
		微小				少量				中量				大量			
		间接		直接		间接		直接		间接		直接		间接		直接	
职务对后果形成的作用	行动的自由度	后勤	辅助	分摊	主要	后勤	辅助	分摊	主要	后勤	辅助	分摊	主要	后勤	辅助	分摊	主要
有规定的		10	14	19	25	14	19	25	33	19	25	33	43	25	33	43	57
		12	16	22	29	16	22	29	38	22	29	38	50	29	38	50	66
		14	19	25	33	19	25	33	43	25	33	43	57	33	43	57	76
受控制的		16	22	29	38	22	29	38	50	29	38	50	66	38	50	66	87
		19	25	33	43	25	33	43	57	33	43	57	76	43	57	76	100
		22	29	38	50	29	38	50	66	38	50	66	87	50	66	87	115
标准化的		25	33	43	57	33	43	57	76	43	57	76	100	57	76	100	132
		29	38	50	66	38	50	66	87	50	66	87	115	66	87	115	152
		33	43	57	76	43	57	76	100	57	76	100	132	76	100	132	175
一般性规范的		38	50	66	87	50	66	87	115	66	87	115	152	87	115	152	200
		43	57	76	100	57	76	100	132	76	100	132	175	100	132	175	230
		50	66	87	115	66	87	115	152	87	115	152	200	115	152	200	264
有指导的		57	76	100	132	76	100	132	175	100	132	175	230	132	175	230	304
		66	87	115	152	87	115	152	200	115	152	200	264	152	200	264	350
		76	100	132	175	100	132	175	230	132	175	230	304	175	230	304	400
方向性指导的		87	115	152	200	115	152	200	264	152	200	264	350	200	264	350	460
		100	132	175	230	132	175	230	304	175	230	304	400	230	304	400	528
		115	152	200	264	152	200	264	350	200	264	350	460	264	350	460	608
广泛性指导的		132	175	230	304	175	230	304	400	230	304	400	528	304	400	528	700
		152	200	264	350	200	264	350	460	264	350	460	608	350	460	608	800
		175	230	304	400	230	304	400	528	304	400	528	700	400	528	700	920
战略性指引的		200	264	350	460	264	350	460	608	350	460	608	800	460	608	800	1056
		230	304	400	528	304	400	528	700	400	528	700	920	528	700	920	1216
		264	350	460	608	350	460	608	800	460	608	800	1056	608	800	1056	1400
一般性无指引的		304	400	528	700	400	528	700	920	528	700	920	1216	700	920	1216	1600
		350	460	608	800	460	608	800	1056	608	800	1056	1400	800	1056	1400	1840
		400	528	700	920	528	700	920	1216	700	920	1216	1600	920	1216	1600	2112

图4-30　海氏工作评价指导图表之三——承担的职务责任

　　根据案例内容及上述图表，学生选择评估对象，依次选择知识水平与技能技巧、解决问题能力及承担职务责任三个维度所细化的八个因素的等级，并且计算出这三个维度各自的得分及选择该计算方式的职务形态构成,若是存在多个岗位需要进行海氏三要素评估法，则单击"添加"按钮，新增一个海氏评估法表格，填写完整相应的评估信息后，单击"提交"按钮即可，如图 4-31 所示。

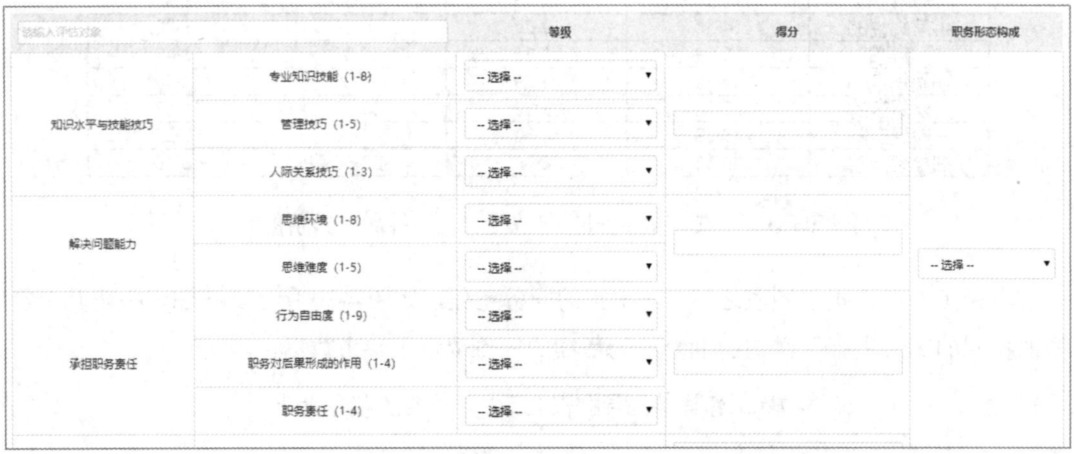

图4-31　海氏三要素评估法的应用

　　提交后，单击页面中的"解析"按钮，比对自己的评估与计算结果，随后单击"完成"按钮即可，如图 4-32 所示。

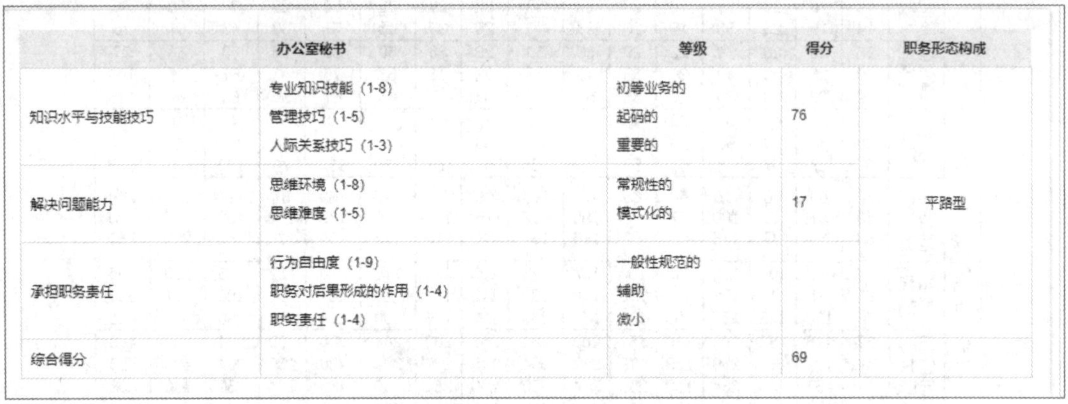

	办公室秘书	等级	得分	职务形态构成
知识水平与技能技巧	专业知识技能 (1-8) 管理技巧 (1-5) 人际关系技巧 (1-3)	初等业务的 起码的 重要的	76	
解决问题能力	思维环境 (1-8) 思维难度 (1-5)	常规性的 模式化的	17	平路型
承担职务责任	行为自由度 (1-9) 职务对后果形成的作用 (1-4) 职务责任 (1-4)	一般性规范的 辅助 微小		
综合得分			69	

图4-32　海氏三要素评估表的生成

第5章
工作分析的结果

引导案例：

"王芳，我真不知道你到底需要怎样的机械操作工？"高翔机械制造有限公司人力资源部经理安树森说道，"我已经送去了四个人给你面试，并且这四个人看上去都大致符合所需工作说明书的要求，可是，你却将他们全部置之于门外。""符合工作说明书的要求？"王芳颇为惊讶地回答道，"可我要找的是那种一录用，就能够直接上手做事的人，而你送给我的人，却都不能够胜任实际操作工作，因此并不是我要找的人。再者，我根本就没瞧见你所说的工作说明书。"

闻听此言，安树森立刻为王芳拿来工作说明书的复印件。当他们将工作说明书与现实所需工作要求逐条加以对照时，才发现问题所在：原来这些工作说明书已经严重地脱离实际，也就是说，工作说明书没有将实际工作中的变动写进去。例如，工作说明书要求从业人员具备旧式机床的工作经验，而实际工作却已经采用了数控机床的最新技术。因此，工人们为了更有效率地使用新机器，必须得具备更多的数学知识。

在听完王芳描述机械操作工作所需的技能及从业人员需要履行的职责后，安树森喜形于色地说道："我想我们现在能够写出一份准确描述该项工作的工作说明书，并且使用这份工作说明书作为指导，一定能够找到你所需要的合适人选。我坚信，只要我们的工作更加紧密地配合，上述那种不愉快的事情绝不会再发生了。"

产生这种情况的原因是什么？如何避免？

不仅如此，有的企业在做工作分析时，给每位员工发放一张表，让员工自我填报有关项目。人力资源部由于怕得罪人或不熟悉业务，就不进行审查和调整，而是直接把员工自我填报的内容当作工作分析的结论。这是极不负责任的做法，因为员工自我填报的内容很可能是片面的，不应该全盘照收，而应该考虑多方面因素，经修改调整后，才能作为结论。

5.1 基础知识

工作分析的最终成果是产生工作描述和工作规范(或称岗位任职资格说明书)两个文件。我们也可以把它们合称为"工作说明书"。工作说明书就是对有关职位职责、职位活动、工作权限和工作对人身安全危害程度等职位特性方面的信息进行描述，以及规定职位对从业人员的品质、特点、技能和工作背景或经历等方面要求的书面文件。

工作描述规定了对"事"的要求，如任务、责任、职责等；工作规范(或称岗位任职资格说明书)规定了对"人"的要求，如知识、技术、能力、职业素质等，其中还会使用工作心理图示直观地反映对人的要求。下面，我们就分别进行说明。

5.1.1 工作描述

工作描述，是指与工作有关的内容，如工作内容与特征、责任与权力、目的与结果、标准与要求、时间与地点、岗位与条件、流程与规范等(见表5-1)。

工作描述一般包括如下几个方面的内容。

1. 基本信息

基本信息包括职务名称、职务编号、所属部门、职务等级、制定日期等。

2. 职务概要

职务概要包括本职务的特征及主要工作范围。一般用一句话对职务的工作内容进行简明扼要的描述。例如，对数据处理主管人的工作概要，可以描述为"指导所有的数据处理的操作，对数据进行控制及满足数据准备方面的要求"；对企业人力资源部负责人的工作概要，可以描述为"为企业吸引、开发和管理人力资源"。工作概要恰当与否，决定着一份工作说明书的质量的好坏。

3. 工作职责与任务

工作职责与任务是该工作的劳动者有义务完成的工作内容。其目的主要是告诉员工该做什么？如何去做？为何去做？主要从两个方面入手：一是通过行为分析，描述这一工作做什么，是一种实质性的界定；二是通过任务分析，确定组织设立这一工作的原因及具体要求，是一种规范性的界定。例如，以美国劳工部的《职位名词词典》来界定工作的任务和责任，该词典所列举的人力资源经理的特定职责和任务包括：与人事活动各方面相关的政策的制定与执行；为填补空缺工作而进行雇员招募、面谈与甄选；在劳动力市场上进行工资调查，以确定有竞争力的工资率；等等。

4. 权限关系和权限事项

权限关系和权限事项指其所监督的部下的职务和人员。

5. 工作关系

工作关系说明此工作与哪些工作发生联系，指出此工作可晋升的工作、可转换的工作及可升迁至此的工作。

6. 工作环境

工作环境包括工作场地的温度、光线、湿度、噪声、安全条件、地理位置、室内或室外等。

7. 机器、设备及工具

该工作列出工作中用到的所有机器、设备及辅助性工具等。

8. 聘用条件

聘用条件主要描述工作人员在正式组织中的有关工作安置等情况，包括工作时数、工资结构、支付工资的方法、福利待遇、该工作在组织中的正式位置、晋升的机会、工作的季节性、进修的机会等。

表5-1　工作描述实例

"人事主管助理"工作描述

工作名称：人事主管助理

所属部门：人力资源部

直接上级职务：人力资源部经理

工作代码：XL-HR-011

工资等级：9～13 级

工作目的：负责公司人事管理事项

工作职责：1. 人员招聘与训练。

　　　　　2. 人事资料登记与整理。

　　　　　3. 人事资料统计。

　　　　　4. 员工请假，考勤管理。

　　　　　5. 草拟人事管理规章。

　　　　　6. 办理人员的任免、调动、奖惩、考核、薪资等事项。

　　　　　7. 办理劳动保险及员工福利事项。

衡量标准：1. 工作报告的完整性。

　　　　　2. 公司其他员工对人力资源部工作的反馈意见。

工作难点：如何更好地为员工服务

职业发展道路：人力资源部经理

　　注意，在实践中，撰写工作说明书时，因无法准确预见到未来的变化，会造成在实际工作中发现有些工作没有被纳入任何一个职位描述中，所谓"计划没有变化快"，给工作的安排造成了一定的影响。基于此，有些管理人员在工作职责的最后加上一条"完成领导交办的其他工作"，以使管理者的工作安排能更加自如。但实际上，这种做法是对工作分析工作的根本性破坏，使整个工作描述变得毫无价值。这样做，对劳动者而言，根本不需要工作说明书，一切听命于"领导"就行了，这是对整个组织制度化管理的彻底破坏。事实上，工作描述在实际工作中遇到上述问题是正常的，应当由管理人员按照管理例外原则进行处置，然后再考虑是否有修改相应工作说明书的必要，将其纳入组织管理体制中。

5.1.2　岗位任职资格

岗位任职资格，主要指明了任职者要成功完成此项工作所需具备的最低资格要求，如知识准备、技术能力、身体素质、心理素质、个性特点等(见表 5-2)。

1. 一般要求

一般要求主要包括年龄、性别、学历、学位等。

2. 身体素质

身体素质主要包括健康状况、力量与体力、运动的灵活性、身体各部分协调程度、感觉器官的灵敏度、视力、听力及身高要求等。例如，麦当劳的服务人员大致上都是中等身高，且服务态度很亲切，这也是麦当劳服务部门选人的一个标准。作为服务人员，假如身高太高，对服务的顾客来说，总有一种压迫感，而态度亲切更是典型的麦当劳文化。因此，身高及态度也就成为麦当劳重要的甄选条件之一。

3. 心理素质

心理素质主要包括观察能力、注意能力、记忆能力、理解能力、学习能力、言语表达能力、创造性思维能力、分析解决能力、数学计算能力、决策能力、交际能力，以及性格、气质、兴趣爱好、态度、事业心、合作性、组织领导能力及某些特殊能力。

4. 技能水平

技能水平是指工作人员从事特殊岗位工作的专门技术能力，通常体现为职业技能，以取得执业资格证书、职业等级证书、职称证书等为条件。

5. 工作经验

工作经验是指从事类似工作的实践体验。某些工作对工作经验的要求比较严格，如管理、营销、会计等工作。

表5-2　工作规范实例

"人事主管助理"工作规范

工作名称：人事主管助理

所属部门：人力资源部

直接上级职务：人力资源部经理

工作代码：XL-HR-011

工资等级：9～13级

(一) 生理素质要求

年龄：25～35岁。

性别：不限。

身高：女性为1.60～1.70米；男性为1.70～1.85米。

体重：与身高成比例，在合理的范围内均可。

听力：正常。

视力：矫正视力正常。

健康状况：无残疾、无传染病。

外貌：无畸形，出众更佳。

声音：普通话发音标准，语音和语速正常。

(二) 知识素质要求

1. 学历：专科以上。

2. 工作经验：三年以上管理工作经验。

3. 专业背景要求：人力资源管理。

4. 英语水平：达到大学英语四级水平。

5. 计算机：熟练使用Windows操作系统和微软办公软件。

(三) 综合素质要求

1. 有良好的职业道德，能够保守公司人事秘密。

2. 有较强的沟通、组织、协调能力。

3. 工作认真细心，为人正直，责任心强。

5.1.3　心理图示法

阿尔波特最初编制了包含21个项目的心理图示评定量表(见表5-3)。表中所列的特性，各有两个极端，在量表上向两极按五个等级进行评定，然后在表中小方格的中心位置用点标示出来，最后用直线将各点连接起来，形成一条折线，可以表示一个人的性格倾向。这种方法对选拔人才、分配工作有一定意义。

表5-3　阿尔波特的心理图示法

	心理的生物学基础							一般的人格特性														
	身体状况			智力		气质		表现的				态度的										
													对自己		对他人			对价值				
	容貌端正	健康良	活力大	抽象智力高	机械智力高	感情广	感情强	支配	自我扩张	坚持	外倾	批评	自炫	合群	利他	社会智力高	理论兴趣高	经济兴趣高	艺术兴趣高	政治兴趣高	宗教兴趣高	
5																						5
4																						4
3																						3
2																						2
1																						1
0																						0
1																						1
2																						2
3																						3
4																						4
5																						5
	容貌不整	健康不良	活力小	抽象智力低	机械智力低	感情狭	感情弱	服从	退缩	动摇	内倾	无批评	自卑	孤独	利己	社会智力低	理论兴趣低	经济兴趣低	艺术兴趣低	政治兴趣低	宗教兴趣低	

　　在工作规范的撰写中可以使用心理图示。心理图示是对某种工作所应具备的素质的一种直观的图示表示。具体地说，它是根据工作职务要求的得分水平，画出工作要求的轮廓线，表示出从事某一工作的人员所应具备的能力模式。心理图示法中常用的度量方法是五点量表法，即用五点量表表示工作职务的不同心理能力要求，构成"能力模式图"。表 5-4 所示是某企业的质量检验工作的心理图示表。图中的五个等级表示质量检验工作中各种能

力的重要程度："1"表示工作中几乎不必具备这种能力或品质；"2"表示对该能力的需要程度比较低；"3"为中等需要程度；"4"表示该能力比较重要，比"3"更为需要；"5"表示该能力相当重要，如果缺乏该能力则无法担任该项工作。

心理图示法又分为个体心理图示法和工作心理图示法。前者运用个案分析法，对员工的工作表现打分，确定做好一定工作所应具备的各种品质和能力；后者则以工作本身所应具备的心理品质作为标准。

表5-4 某企业的质量检验工作的心理图示表

五点量表					心理能力
1	2	3	4	5	
☆	☆	★	☆	☆	控制能力
☆	☆	★	☆	☆	机械能力
☆	☆	☆	☆	★	手指灵巧
☆	☆	☆	★	☆	手臂灵巧
☆	☆	☆	☆	★	手眼协调
☆	☆	☆	★	☆	触摸能力
☆	☆	★	☆	☆	记忆能力
☆	☆	☆	★	☆	注意分配
☆	☆	☆	☆	★	判断能力
☆	☆	☆	☆	★	目测能力

5.1.4 工作说明书编写应注意的事项

工作说明书在组织管理中的地位极为重要，不仅可以帮助任职人员了解其工作，明确其职责范围，而且还可以为管理者的决策提供参考。因此，在编写工作说明书时，必须注意以下问题。

1. 描述清楚

工作描述应当清楚地说明工作的相关情况，文字精练，一岗一书，不能雷同，不能一岗概全。

2. 指明范围

在界定工作时，要确保指明工作的范围和性质。此外，还要把重要的工作关系包括进来。

3. 使用规范用语

规范工作说明书的描述方式和用语关系工作说明书的质量。标准的岗位职责描述格式应是"动词+宾语+结果"。动词的选择可参照岗位职责动词使用规范表(见表 5-5);宾语表示该项任务的对象,即工作任务的内容;结果表示通过此项工作的完成要实现的目标,可用"确保、保证、争取、推动、促进"等词语连接。

表5-5　岗位职责动词使用规范表

责任区域	责任分类	
	管理职责	业务职责
决策区	主持、制定、筹划、指导、督管、协调、委派、考核、交办	审核、审批、批准、签署、核转
管理区	组织、拟订、提交、制定、安排、督促、布置、提出	编制、开展、考察、分析、综合、研究、处理、解决、推广
执行区	策划、设计、提出、参与、协助、代理	编制、收复、整理、调查、统计、记录、维护、遵守、维修、办理、呈报、接待、保管、核算、登记、送达

4. 工作说明书的详略与格式不尽相同

在通常情况下,组织中较低级工作的任务最为具体,工作说明书可以简短而清楚地描述;而较高层次工作则处理涉及面更广一些的问题,只能用若干含义极广的词句来概括。

5. 说明书应当充分显示工作的真正差异

各项工作活动,以技术或逻辑顺序排列,或者依重要性、所耗费时间多少的顺序排列。

6. 工作说明书要注意滚动、完善

工作说明书不应是一成不变的,要根据企业形势与时俱进,滚动完善。工作说明书是工作经验和教训的积累,是每一位在岗者用心血凝练而成的。工作说明书是用来指导人们如何工作的,规范的工作说明书是组织的巨大财富。工作说明书不是用来约束人的,是用来激励人的。工作说明书更大的作用是激励人做得更好,是员工的好帮手。

5.2　实战训练

工作分析的结果模块主要包括四个部分，可通过单击主界面按钮和侧边栏按钮进入相应模块，如图 5-1 所示。

图5-1　工作分析的结果模块

5.2.1　工作描述实际应用

单击"工作描述"按钮，进入相应界面，学生可在界面中阅读学习相关知识，如图 5-2 所示。

工作描述

<<返回首页

工作描述指在该职位上员工实际工作业务流程及授权范围。它是以"工作"为中心对岗位进行全面、系统、深入的说明，为工作评价、工作分类提供依据。工作描述是针对工作的，如某一职位所需要的技能、所承担的责任、工作性质等。应以工作性质、工作内容为基础进行有侧重的描写。	

职位名称	指组织对从事一定工作活动所规定的职位名称或职位代号，以便对各种工作进行识别、登记、分类以及确定组织内外的各种工作关系。
工作活动和工作程序	包括所要完成的工作任务、工作责任、使用的原材料和机器设备、工作流程、与其他人的正式工作关系、接受监督以及进行监督的性质和内容。
工作条件和物理环境	包括工作地点的温度、光线、湿度、噪音、安全条件、地理位置、室内或室外等等。
社会环境	包括工作群体中的人数、完成工作所要求的人际交往的数量和程度、各部门之间的关系、工作地点内外的文化设施、社会习俗等等
聘用条件	包括工时数、工资结构、支付工资的方法、福利待遇、该工作在组织中的正式位置、晋升的机会、工作的季节性、进修的机会等等。

图5-2　"工作描述"界面

可见系统中工作描述指在该职位上员工实际工作业务流程及授权范围。它是以"工作"为中心对岗位进行全面、系统、深入的说明，为工作评价、工作分类提供依据。工作描述是针对工作的，如某一职位所需要的技能、所承担的责任、工作性质等。工作描述应以工作性质、工作内容为基础进行有侧重的描写。工作描述编写的依据是工作分析前期工作所得到的相关信息，其主要内容包括岗位基本信息、岗位工作责任、岗位工作内容等。

1) 岗位基本信息

岗位基本信息是关于岗位的最基本信息，其作用就是将本岗位与其他岗位区分开来，如表 5-6 所示，其包含的主要内容有以下几项。

(1) 岗位名称：又称为工作名称、职位名称，一组在重要职责上相同的工作总称。

(2) 岗位编号：又称为职务代码、工作编号，一般按岗位评价与分析的结果对岗位进行编码，目的在于快速查找相应的岗位。

(3) 所属部门：岗位所在的部门名称。

(4) 直接上级/下级：直接主管/直属下级的岗位名称

(5) 所辖人数：该岗位所管理的人员数量。

(6) 定员标准：该岗位的人员编制。

(7) 岗位等级：又称为工作等级、职务等级，在组织中存在岗位等级分类情况下，此岗位处于哪一等级。

(8) 工作地点(或工作场所)。

(9) 分析日期：代表该工作说明书的版别。

表5-6 岗位基本信息示例

岗位名称	公关宣传经理	岗位编码	0033	所属部门	公司办公室	分析日期	2017-4-20
直接上级	公司办公室主任	直属下级	品牌管理专员、公共关系专员、企业宣传专员				
所辖人数	3	定员标准	1	岗位等级	6~8	工作地点	公司总部

2) 岗位工作责任

岗位工作责任是关于岗位应当承担的责任，表述该岗位存在的价值，如表 5-7 所示，其包含的主要内容有以下几项。

(1) 岗位目的：又称为工作目的，是对岗位责任的简单概括。

(2) 岗位权限：根据该岗位的工作责任，组织赋予该岗位的决策范围、层级与控制力度。

(3) 工作关系：该岗位劳动者在工作过程中，与组织内部和外部各单位之间的工作联系，包括联系的对象、联系的内容、联系的方式和联系的频次。

表5-7　岗位工作责任示例

岗位 目的	通过各种形式推广宣传企业的形象和品牌，建立广泛的公共关系，并在企业内外宣传企业 文化
岗位 权限	财务权限：批准××元以内的××费用 人事权限：批准××类(或级)以下员工的录用、考核
工作 关系	内部：公司其他部门经理 外部：新闻媒体、其他公司公关宣传部门

3) 岗位工作内容

岗位工作内容指该岗位通过一系列什么样的活动来实现组织的目标，并取得什么样的工作成果，如表 5-8 所示，其包含的主要内容有以下几项。

(1) 岗位职责：即日常工作，包括经常性的、周期稳定的工作。

(2) 工作时间：包括轮班、出差、连续工作等。

(3) 工作环境：界定的是经常性工作场所的自然环境、安全环境(工作危险性)和社会环境。

(4) 绩效标准：又称为业务标准，是在明确界定工作职责的基础上，对如何衡量每项职责完成情况的规定。

表5-8　岗位工作内容示例

岗位职责	1. 与相关的一些单位或一些重要单位搞好关系，为公司业务的发展创建良好的公共关系 　环境； 2. 了解同行业的业务情况，收集业务情报，掌握市场信息，进行市场预测和分析，并及时 　向总经理提供报告； 3. 业务发展需要与政府部门、新闻媒体、供应商、客户等建立良好的关系，使他们支持我 　们的业务； 4. 计划开展活动来扩大企业的知名度； 5. 对内宣传，让员工了解公司、认同企业文化		
工作时间	偶尔出差	工作环境	主要在办公室，基本无风险
绩效 标准	考核期内，绩效考核计划按时完成率在 98%以上 及时提交绩效评估报告，延误次数少于 1 次		

5.2.2 工作规范实际应用

单击"工作规范"按钮，进入相应界面，学生可在界面中阅读学习相关知识，如图5-3所示。

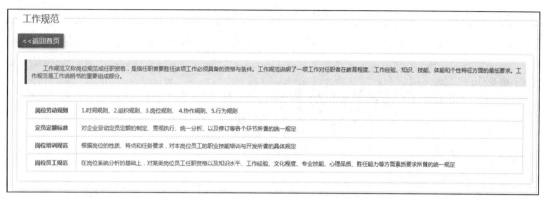

图5-3 "工作规范"界面

可见系统中工作规范又称岗位规范或任职资格，是指任职者要胜任该项工作必须具备的资格与条件。工作规范说明了一项工作对任职者在教育程度、工作经验、知识、技能、体能和个性特征方面的最低要求。工作规范是工作说明书的重要组成部分，编写的依据是工作分析前期工作所得到的相关信息，如表 5-9 所示，其主要包括以下内容。

(1) 教育程度要求：包含学历要求、专业要求和培训经历三个部分的内容。

(2) 工作经验：该工作的任职者需要具备什么样的经验，包括社会工作、管理工作、专业工作三个方面。

(3) 知识要求：包括基础理论知识、专业知识、组织知识和相关的政策法规知识等。

(4) 技能要求：对与工作相关的工具、技术和方法的运用能力。

(5) 生理与心理品质要求：根据岗位的性质和特点，对员工生理与心理素质及其发展程度的要求。

表5-9 工作规范示例

学历要求	本科以上学历，公关、新闻、行政、文秘和市场营销等相关专业
工作经验	有过公关传播、中型企业公关活动组织管理、接待等相关工作经验
能力素质	熟悉媒体，了解媒体运作规律，对企业文化的提炼与传播、公共关系的建立与维护有较深刻的理解； 思维敏捷、善于沟通，亲和力强，形象气质佳，具有良好的职业素养和团队合作精神； 具有良好的文字功底，较强的口头表达能力和逻辑思维能力，组织、协调能力及资源整合力； 性格开朗，交际能力强，有较丰富的人脉资源

注意，该要求应当严格依据工作描述中对该岗位所要完成的工作内容的规定，要遵守《中华人民共和国就业促进法》等相关法律，避免出现就业歧视问题，规避法律风险。请参照如表5-10所示范例。

表5-10　工作规范范例

能力要求	口头沟通，包括倾听与提问的能力；精通中级会计；写作能力；研究/阅读理解金融法律文件；组织/分析能力；有能力代表公司参加社会活动并加强公司形象；销售技能；有关银行信用政策和服务的知识；熟悉与银行相关的法律知识与术语；熟练运用银行计算机；独立工作的能力；压力下有效工作的能力；基本公司财务知识
身体要求	具有能够阅读细小的印刷字和数字的视力；灵敏的听力；能对五人小组发表谈话；能寻访客户(包括爬楼梯)
其他要求	有驾驶执照；愿意加班工作或偶尔的周末工作；每3个月跨省出差或每星期在当地出差；在工作时间以外出席活动；衣着整洁；优雅的职业举止

这样完全依照工作本身的要求撰写工作规范，不仅是规避法律风险的需要，同时使工作规范在实践中的可操作性更强，有利于避免劳动者以身体、家庭等问题对正常工作安排进行推诿。

5.2.3　心理图示法实际应用

单击"心理图示法"按钮，进入相应界面，学生可在界面中阅读学习相关知识，如图5-4所示。

可见系统中心理图示法又称心理图析法，是工作分析的另一种结果表达形式，是根据各项工作职务要求的得分水平，画出工作要求的轮廓线，用来表示从事某工作职务的人员应具备的能力模式。

在工作分析中使用的是工作心理图示法，是以工作本身对人的心理能力的要求为准，来衡量人员的职业适宜性。不同性质的工作对各种心理能力要求不同，例如，一个消防队员，需要在最短时间内发挥出最大精力，才能适应消防工作的需要，而码头工人则不需要在短时间内发挥如此大的精力。又如，一个钟表工人或无线电修理员，必须具备注意力集中、视觉和听觉敏锐、较好的肌肉控制力等，而搬运工人不必具备这些条件。根据不同性质的工作，对人的心理能力的不同要求，制作出工作心理图示，作为工作规范中生理与心理品质要求的直观表示。同时，用这种图示也可以为个人职业选择提供一个参考工具，也可作为企业选用人员的一种重要依据，如表 5-11 所示。

心理图示法的计分法，是把操作活动涉及的心理能力归纳为25～30种，然后通过访谈和问卷手段，为所分析职务的每种能力用5点来计分，从而表现出从事人员应具备的能力模式。

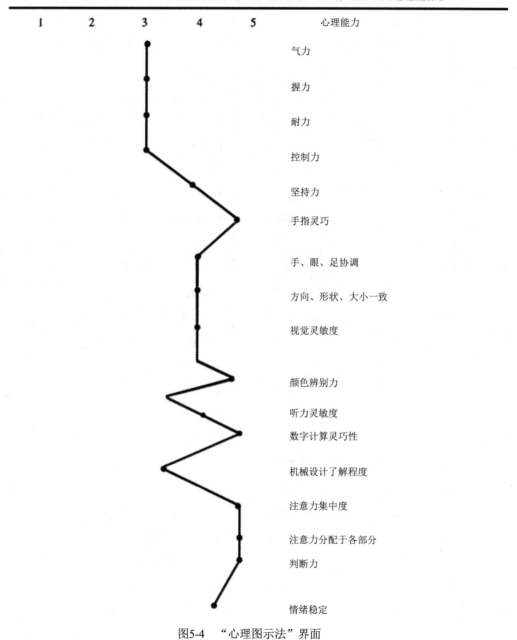

图5-4　"心理图示法"界面

表5-11 心理图示

五点尺度					心理能力
1	2	3	4	5	
○	○	○	○	○	1. 气力
○	○	○	○	○	2. 握力
○	○	○	○	○	3. 耐力
○	○	○	○	○	4. 控制力
○	○	○	○	○	5. 调整力
○	○	○	○	○	6. 坚持力
○	○	○	○	○	7. 手指灵活
○	○	○	○	○	8. 手臂灵活
○	○	○	○	○	9. 腿脚灵活
○	○	○	○	○	10. 手眼协调
○	○	○	○	○	11. 手、眼、足协调
○	○	○	○	○	12. 方向、形状、大小感觉
○	○	○	○	○	13. 视觉灵敏
○	○	○	○	○	14. 颜色辨别力
○	○	○	○	○	15. 耳力灵敏度
○	○	○	○	○	16. 嗅觉
○	○	○	○	○	17. 味觉
○	○	○	○	○	18. 触觉
○	○	○	○	○	19. 记忆力
○	○	○	○	○	20. 数学计算灵巧
○	○	○	○	○	21. 机械设计的了解
○	○	○	○	○	22. 注意力集中
○	○	○	○	○	23. 注意力分配于各部分
○	○	○	○	○	24. 判断力
○	○	○	○	○	25. 果断力
○	○	○	○	○	26. 情绪稳定
○	○	○	○	○	
	○	○	○	○	

5.2.4 工作说明书编撰过程

单击"工作说明书编撰"按钮，进入相应界面，如图 5-5 所示。

图5-5 "工作说明书编撰"界面

单击"背景案例"按钮，阅读案例，根据案例填写工作说明书的分析内容，下面以办公室秘书为分析对象为例进行介绍，如图 5-6 所示。

图5-6 分析对象

首先从案例中提取信息，提取结果如表 5-12 所示，内容详见背景资料中工作分析调查阶段。

表5-12 从案例中提取信息

部门	岗位	时间	地点	方法
综合管理部门	秘书	2017.6.5	办公室	访谈法

其次，根据案例信息，依次确定岗位基本信息、岗位工作内容、岗位工作责任、岗位任职要求，如图 5-7 所示。

图5-7　内容选择

确定后，进入信息采集与描述界面，根据案例内容填写，单击"形成岗位说明书"按钮，可形成工作说明书，如图 5-8 所示。

图5-8　岗位说明书

最终形成的办公室秘书工作说明书，如图 5-9 所示。

办公室秘书工作说明书	
工作名称	办公室秘书
岗位编号	0011
工作环境	独立办公室
工作目的	协助主管做好日常行政工作
岗位工作责任	
工作职责： 各种文件的起草、装订传递工作及日常的行政工作	
岗位工作内容	
工作内容： 1、负责各种文件的起草、装订及传递工作；2、及时处理上级文件的签收、传递、催办；3、做好文件的回收、清退、销毁工作；4、做好文秘档案收集管理及保密工作、做好各种会议的记录及会务工作、做好单位印章管理，按规定开具介绍信、做好来访接待工作、做好联网危机管理工作，每天定时开机接收文件；5、做好信息收集及报送工作、负责本单位办公用品的采购和供应工作、完成领导交办的其他任务和各种应急事务。	
岗位资格和技能要求	
学历要求： ◆ 本科及以上 专业要求： ◆ 中文、新闻专业优先 知识要求： ◆ 懂一些广告知识、VI知识、公共关系知识 能力要求： ◆ 知识面广 技能要求： ◆ 计算机操作能力 职业素质要求： ◆ 善于沟通处理人际关系	

图5-9　办公室秘书工作说明书

5.2.5　工作说明书编写范例

工作说明书编写范例如表 5-13~表 5-16 所示。

表5-13　工作说明书范例一

职称	职系	工资等级	工资水平	定员	所属部门	分析日期	分析人
工作描述				工作执行人员的资格条件			
工作概要				执行工作的条件		需求程度	
工作时间	1. 正常班(实际劳动时间　小时) 2. 早到(约　分) 3. 加班(约　小时/周) 4. 轮班(　　　)			智力条件	基础知识		
					作业知识		
					规划能力		
					注意力		
					判断能力		
工作姿势	1. 坐(　%) 2. 立(　%) 3. 走动(　%) 4. 蹲、弯腰(　%)				语言能力		
					领导能力		
					控制能力		
工作程序及方法	1. (　%) 2. (　%) 3. (　%) 4. (　%)			身体条件	体力		
					运动能力		
					手眼配合能力		
					效应		
工作环境	温度			疲劳程度			
	湿度			熟练期			
	粉尘			经验	同类工作		年
	异味				相关工作		年
	污秽				1.		年
	噪声				2.		年
	危险性				3.		年
使用设备：				备注：			

表5-14　工作说明书范例二

工作说明书

部门	办公室	职等	七	职务	办事员	职系	行政管理

工作内容：负责公司人事管理事项

1. 人员招聘与训练。

2. 人事资料登记与整理。

3. 人事资料统计。

4. 员工请假，考勤管理。

5. 草拟人事管理规章。

6. 办理人员的任免、调动、奖惩、考核、薪资等事项。

7. 办理劳动保险及员工福利事项。

8. 办理文体活动与员工福利事项。

9. 核发员工的各种证书。

10. 文具、设备、事务用品的预算、采购、修缮、管理。

11. 办公环境安全及卫生管理工作。

12. 公司文书、信件等的收发事宜。

13. 书报杂志的订购与管理。

14. 接待来访人员。

职务资格：

1. 专科毕业，曾任人事及总务工作两年以上。

2. 高中毕业，曾任人事、总务工作六年以上。

3. 现任分类工作七职等以上。

4. 具有高度服务精神与善于处理人际关系者。

表5-15　工作说明书范例三

工作说明书

工作名称：××电脑公司技术服务人员

直接上级：服务部经理

直接下属：无

主要责任	占总工作时间的百分比
1. 建立计算机硬件系统	50%
具体任务：	频率
(1) 根据具体要求组装零部件；	日常
(2) 测试并修正误差；	日常
(3) 送货上门、拆开机器包装、现场装配。	日常

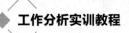

(续表)

主要责任	占总工作时间的百分比
2. 现场演示基本系统	10%
具体任务：	频率
(1) 解释硬件系统；	日常
(2) 现场演示软件如何安装；	日常
(3) 为客户提供研讨会和培训班的信息。	日常
3. 维修系统	35%
具体任务：	频率
(1) 现场诊断问题；	日常
(2) 在现场或在公司维修；	日常
(3) 安装临时的替代系统。	一周一次或根据需要而定
4. 不断更新技术	5%
具体任务：	频率
(1) 在需要时参加技术培训；	一季度一次或根据需要而定
(2) 阅读手册和集体实践；	一周一次
(3) 在需要时向其他服务人员或服务部经理咨询。	日常

(1) 该岗位需要使用哪些特殊的设备或工具？

计算机硬件；软件；计算机维修的专门工具。

(2) 该岗位与公司中其他岗位之间有何联系？

与销售代表密切配合，以满足客户对新系统的需要；与其他技术服务人员密切配合，进行诊断和维修工作；在现场安装和维修时与客户直接交流。

(3) 该岗位的工作条件描述。

① 正常工作时间：每月轮换。

② 日程安排如下。

• 三个星期为星期一至星期五，上午 8 时至下午 5 时；

• 另一个星期为星期二至星期六，上午 8 时至下午 5 时。

③ 加班要求：对于周末和晚上的紧急维修任务，技术服务人员轮流需承担随叫随到的职责。

④ 出差要求：只在本地工作。

⑤ 该岗位的特殊条件或要求：手指灵活；能够负重 32 公斤；视力好；持有效驾驶执照

表5-16　工作说明书范例四

工作名称：信息部主任	直接上级：情报系统经理	工资等级：12 级
定员：1 人	所辖人员：12 人	工资水平：20000～23000 元/年
分析日期：2018 年 4 月	分析人：人事部张家宝	批准人：人事部经理刘平

工作概要：制定控制信息处理、设备维修、保养和履行所分配的其他任务和职责

工作职责：

1. 下列基本活动：独立上机操作；定期向上级汇报；听取信息使用者意见。

2. 选择、培训、发展人员：挑选信息处理人员；发扬合作精神，增进相互了解；保证下属得到必要的培训；指导下属工作。

3. 计划、指导和控制：向下属分配任务；详细检查下属的工作；指导和解决问题。

4. 分析业务，预测发展。

5. 制订部门发展计划。

任职资格：

因素及细分因素	等级	限定资料
1. 知识		
(1) 教育	5	具备硬件、软件方面的知识，四年制工商管理和信息处理技术方面的证书。
(2) 经验	6	五年以上信息处理和程序编制的实际经验。
(3) 技能	7	必须在信息处理的方法、系统设备方面有很高的技能，并有处理人际关系的能力。
2. 解决问题的能力		
(1) 分析	5	具备分析评价技术理论方面和人事管理方面的能力。
(2) 指导	4	根据下属业务能力状况，把复杂的任务转化为可理解的指令和程序。
(3) 通信	6	具备广泛的通信能力，能使用简练的语言或术语交流技术和思想。维护本部门和其他部门及硬件销售单位所建立的联系。
3. 决策能力		
(1) 人际关系	5	能经常运用正式或非正式的方法，指导、辅导、劝说和培养下属，紧密配合下属工作和其他管理人员的活动。
(2) 管理方面	4	接受一般监督，在复杂的环境中指导下属履行信息处理系统的技术职能。
(3) 财务方面	4	有 5 万元以下的财产处理权力和 1.5 万元以下的现金处理权力，并在此限定下参与计划和控制。

负有责任：成功地完成所分配的任务，增加信息使用者的理解和满意度，提高工作效率

第6章

工作分析结果的应用

工作分析是人力资源活动的基石和导向。人尽其才、才适其职、职得其人、职尽其用是工作分析永远的追求。工作分析是现代人力资源的基础，有关人力资源管理的各项管理举措的前提都是要做工作分析。工作分析的主要作用是详细了解岗位的重大任务、职责权利和任职资格等相关的信息。

工作分析所产生的结果对人力资源工作的影响巨大，在人力资源中，工作分析为以下工作内容奠定基础：招聘工作，制订有效的人力资源配置计划，员工职业规划方案，培训和开发的方案，绩效评估形式，薪酬决策，生产率改善方案，改善岗位设计和工作环境。可以说，工作分析在人力资源管理中有着举足轻重的作用。

6.1 基础知识

6.1.1 绩效管理

1. 绩效管理的概念

绩效管理是评价主体比较工作目标和绩效标准，采用科学审查方式，评定员工工作任务的完成情况、员工工作职责的履行程度和员工的发展情况，并将评定结果反馈给员工的过程。企业在既定的战略目标下，运用特定的标准和指标，对职工的工作行为及取得的工作绩效进行评价，并运用评价结果为员工将来的工作行为和工作业绩产生积极的引导过程和方法。

绩效考核是绩效管理模型发挥效果的关键。只有建设公平、公正的评价体系，才能准确测量员工和组织的业绩，才能鼓励业绩优秀者，并鞭策业绩低下者。如果绩效评价系统或绩效评价结果不正确，则激励的对象和结果会发生偏离，这样，整个激励系统可能就无法正常工作了。

2. 绩效管理的作用

1) 绩效管理促进组织和个人绩效的提升

通过建立科学和合理的组织目标、部门目标和个人目标，对企业员工的努力方向进行管理。找出在工作中存在的问题，给下属提供必要的工作指导和资源支持，下属通过工作态度及工作方法的改进，保证绩效目标的实现。绩效考核对组织做出贡献的个人和部门的工作进行客观、公正的评价，通过多种方法鼓励、激励表现优良的部门和员工，以多种方式继续努力提高业绩，低绩效的部门和员工则被要求找出不足。除此之外，绩效管理可以确保优秀人才脱颖而出，同时淘汰不合适的人员。通过绩效管理，能够培养内部人才，吸引外部人才，人力资源能够满足组织发展的需要，促进组织和个人的绩效不断提高。

2) 绩效管理促进管理流程和业务流程优化

企业管理涉及人与物的管理，对人的管理主要是激励和克制的问题，而对物的管理是实证性的。公司管理流程是指一件事或一家公司如何运作，涉及为什么做、谁做、如何做、由谁来传递等，不同的安排将对产出的结果及对组织的效率产生重大影响。在绩效管理方面，各级管理人员应以企业的整体利益和工作效率为指导，并尽可能提高绩效管理水平。我们必须不断调整和优化公司管理流程所涉及的四个方面，使工作效率逐步提升，这样不仅提高了组织效率，而且逐渐优化了企业的管理流程和业务流程。

3) 绩效管理保证组织战略目标的实现

企业一般有比较清晰的发展思路和战略，有长期发展目标及发展规划，在此基础上根据外部经营环境的预期变化及企业内部条件制订出年度经营计划及投资计划，在此基础上制定企业年度经营目标。企业管理者将公司的年度经营目标向各个部门分解就成为部门的年度业绩目标，各个部门向每个岗位分解核心指标就成为每个岗位的关键业绩指标。

3. 工作分析的结果在绩效管理中的应用

工作分析是通过系统分析方法确定工作职责范围，以及完成该工作所需的知识和技能，包括工作目标与任务、服务流程及处理原则等，而实施绩效管理的一个重要前提是清楚了解当前职位，这就可以通过工作分析来完成。如果不进行工作分析，就不能确定一个职位应该承担哪些职责，如果不知道员工在其职位上应该做什么，也就不知道应该评价什么及如何进行评价。因此，对于任何绩效管理体系来说，工作分析都是一个重要的前提条件，这是因为它提供了用于衡量绩效的标准，这些标准可能关注行为，也可能关注结果。

通过工作分析，我们知道一个职位所承担的工作任务，以及完成这些任务所必须掌握的知识、技能和能力。知识指的是对需要完成的这些工作任务的理解与认识；技能指的是通过过去完成过这些工作任务而获得的必要的一些特征；能力则是指完成工作所需要的身体、情感、智力及心理上的特质。

另外，工作分析是编制绩效合约的基础。在编制绩效合约之前，上级需要对下属的工作有清楚了解，并对绩效管理体系有一个透彻认识。而在编制绩效合约过程中，上级和下属还应该面对面沟通，针对需要做什么及怎样去做好达成共识，这样才能编制切合实际的绩效合约，制定客观可用的绩效合约指标。

总的来说，建立在工作分析基础上的绩效合约指标应该包括结果、行为及开发计划的制订。在关于结果的讨论中，一定要包括员工应该负责的工作模块。

6.1.2　招聘管理

1. 招聘的概念

员工招聘，是指组织为了生存和发展的需要，根据人力资源规划和工作分析提出的人员需求数量与任职资格要求，以最合适的成本投入寻找和吸引符合岗位胜任要求，并科学甄选有意向任职的足够数量的合格人员和有潜质的人才，最终录用。

2. 招聘管理的作用

(1) 有效的招聘管理可以提高员工的满意度和降低员工流失率。"一开始就聘用到合适的人员，会给用人单位带来可观的利益。据估计，这种经济收益相当于现有生产力水平的6%～20%。"有效的招聘管理意味着员工与他所在的岗位相适应，这样可以给他带来较高的工作满意度和组织责任感，进而会减少员工旷工、士气低落和流动等现象。

(2) 有效的招聘管理会减少员工的培训负担。新招聘的员工其基本素质的高低、技能和知识的掌握程度、专业是否对口等，对员工的培训及使用都有很大影响。

(3) 有效的招聘管理会增强团队工作士气。组织中大多数工作不是由员工单独完成的，而是由多个员工共同组成的团队完成。这就要求组织在配备团队成员上，应了解和掌握员工在认知和个性上的差异状况，按照工作要求合理搭配，使其能够和谐相处，创造最大化的团队工作绩效。

(4) 有效的招聘管理会减少劳动纠纷的发生率。如果我们在招聘时就尽量按照企业文化的要求去招聘员工，使新员工不仅在工作上符合岗位的任职资格，而且在个性特征和认知水平还有自身利益追求上都符合组织的需求，则会降低劳动纠纷的发生率。

(5) 有效的招聘管理会提高组织的绩效水平。使用规范的招聘程序和科学的选拔手段，吸引和保留住组织真正需要的优秀人才。优秀人才能够很快地转变角色，进入状态，能够在很短的时间内创造工作成绩而不需要做大量的培训。创造员工的高绩效，推动组织整体绩效水平的提高，是有效招聘管理所追求的最终目标。

3. 工作分析结果在招聘与培训中的应用

(1) 通过工作分析，明确组织招聘岗位所需承担的岗位职责和工作任务，为招聘者和应聘者提供有关工作的详细信息。

(2) 通过工作分析，明确应聘者需要具备的素质水平，为招聘者提供可行的应聘资格背景信息，有助于应聘者的资料筛选。

(3) 通过工作分析，可以为招聘面试者提供在选拔过程中需要测试应聘者的工作技能资料，组织有效的面试，选拔合适的应聘人员。

6.1.3 培训开发

1. 培训开发的概念

培训就是通过培养+训练使受训者掌握某种技能的方式，培训是给有经验或无经验的受训者传授其完成某种行为必需的思维认知、基本知识和技能的过程。基于认知心理学理论可知，职场正确认知(内部心理过程的输出)的传递效果才是决定培训效果好坏的根本。

简单理解，培训约等于教学，即对某项技能的教学服务，如一些专业的培训班。或者可以理解为培训即提供教学。

2. 培训开发的作用

1) 培训与开发是调整人与事之间的矛盾、实现人事和谐的重要手段

从 20 世纪末开始，人类社会进入了高速发展的时代，随着科学技术的发展和社会的进步，"事"对人的要求越来越新、越来越高，人与事的结合处在动态的矛盾之中。总的趋势是各种职位对工作人员的智力素质和非智力素质的要求都在迅速提高。我们可以通过必要的培训手段，使员工更新观念、增长知识和能力，重新适应职位要求，同时这也是实现人事和谐的更为根本的手段。

2) 培训与开发是快出人才、多出人才、出好人才的关键

所谓人才是指在一定社会条件下，具备一定的知识和技能，并能以其劳动对社会发展做出较多贡献的人。社会对人才的需要千变万化，对各层次人才的要求越来越高，仅依靠专门的、正规的学校教育越来越难以满足要求，因此必须大力发展成人教育，而人员培训是成人教育的主要部分。

3) 培训与开发是调动员工积极性的有效方法

组织中人员虽然因学历、背景、个性的不同而有不同的主要需求，但就其大多数而言，都希望不断充实自己、完善自己，使自己的潜力充分发掘出来。企业如能满足员工的这种自尊、自我实现需要，将激发出员工深刻而又持久的工作动力。经过培训的人员，不仅提高了素质和能力，也改善了工作动机和工作态度。可以说，培训是调动员工积极性的有效方法。

4) 培训与开发是建立优秀组织文化的有力杠杆

人类社会进入 21 世纪，管理科学正经历从科学管理到文化管理的第二次飞跃。在激烈的市场竞争中，有越来越多的企业家发现文化因素的重要作用。在有着悠久文化历史的中国，企业更需要重视文化建设。培训就是建设企业文化的重要方式，在培训过程中宣传、讲解和强化企业文化，加强员工的企业文化认同感。

5) 培训与开发是企业竞争优势的重要来源

随着科学技术的迅猛发展，知识更新、技术更新的周期越来越短，而技术的地位在竞争中也逐渐提高，技术创新的关键在于第一流技术人才的培养。因此企业的技术队伍需要经过培训不断更新知识、更新技术、更新观念，走在新技术革命的前列。另外，培训着眼于提高人的素质，而人正是企业最根本、最主要的竞争优势，因此，企业想要在激烈竞争中拥有一席之地，就必须重视培训。

3. 工作分析结果在培训开发中的应用

工作分析在培训中的应用主要集中在培训需求分析阶段，培训需求分析旨在研究组织战略和目标的基础上，确定胜任各职位所具备的知识、技能、能力等综合素质并对当前员工的实际素质进行考察，并找出两者间的差距。

(1) 工作分析便于培训需求分析的确定。工作分析的目的在于了解与绩效问题有关的工作的详细内容、标准，以及达成工作所需具备的知识和技能。工作分析的结果也是将来设计和编制相关培训课程的重要资料来源。

(2) 工作分析有利于培训计划的制订。通过工作分析确定培训要求，明确组织整体的培训需求的先后位置，有利于组织分析岗位工作标准和岗位工作流程，可以使新员工更快地适应新工作，从而减少培训工作量。

(3) 工作分析有利于以工作任务的完成与绩效的提高为目标，衡量培训效果，不断改进培训。

(4) 工作分析有利于培训转化，即要成功地完成培训项目，受训者要有效且持续地将所学技能运用到工作中。

6.1.4　薪酬设计

1. 薪酬管理的定义

薪酬管理是指企业确定薪酬时，与外部薪酬水平相比较所采取的薪酬水平定位。通俗地说，就是确定企业的薪酬与市场水平相比较所处的层次。广义上讲，报酬分为经济类报酬和非经济类报酬两种：经济类报酬是指员工的工资、津贴、奖金等，非经济类报酬是指员工获得的成就感、满足感、能力提升或良好的工作环境和氛围等。

2. 薪酬设计的作用

1) 薪酬管理是管理者人本管理思想的重要体现

薪酬劳动的回报，是对劳动者各种劳动消耗的补偿，因此薪酬水平既是对劳动者劳动力价值的肯定，也直接影响劳动者的生活水平。所谓以人为本的管理思想就是要尊重人力资本所有者的需要，解除其后顾之忧。

2) 薪酬战略是组织的基本战略之一

一个组织有许多子战略，如市场战略、技术战略、人才战略等，其中的薪酬战略是人才战略的最重要组成部分，因而也是一个组织的基本战略之一。

3) 薪酬管理影响组织的盈利能力

薪酬对劳动者来说是报酬，对组织来讲也意味着成本，虽然不能简单地以成本角度来看待薪酬，但保持劳动生产率，有效地控制人工成本，发挥既定薪酬的最大作用，就可以增加组织利润，增强组织盈利能力进而提高竞争力。

3. 工作分析对薪酬管理的作用

工作分析是薪酬设计的基础，特别是对职位报酬制度来说，它是确定薪酬的先决条件。工作分析所形成的岗位说明书是进行工作评价确定薪酬等级的依据，工作评价信息大多来自岗位说明书的内容。即使在技能工资体系中，工作分析仍然具有重要的意义，因为评价员工所具备的技能，仍然要以他们从事的工作为基础来进行。

企业在进行薪酬设计之前必须对企业内所有的岗位进行评价，而进行岗位评价的前提就是工作分析，因此，工作分析在薪酬设计和管理中非常重要，它们与薪酬的内部公平紧密联系，企业只有基于自身组织特点，认真进行工作分析，才有可能确保人力资源方面的竞争优势。而且企业的薪酬结构可以划分为基于职务的薪酬结构和基于员工的薪酬结构，其中，以职务为导向的薪酬结构设计必须以工作分析为基础内容。也就是说，工作分析与评价是薪酬管理得以合理设计和顺利实施的前提条件。

一般来说，企业在确定支付给员工工资时，可以从职务、技能、能力三种要素之中选择一种或几种组合使用，以体现内部公平与外部公平。因此，企业要通过工作分析与评价来确定岗位的特点及价值，即工作分析为员工薪酬的核定提供了参考依据，也就是说岗位的相对价值及重要性决定了薪酬的高低。根据特点及价值等要素的不同，设计出以不同要素为基础的薪酬结构，如职务薪酬结构、技能薪酬结构、能力薪酬结构等。

因此，工作分析是企业中与员工切身利益相关的薪酬管理最基础也是最重要的环节，在企业健康发展中起着举足轻重的作用。

6.2　实战训练

工作分析所产生的结果在实际的人力资源管理工作中有着重要的作用，具体表现在招聘管理、培训管理、绩效管理、薪酬管理等方面。该部分实训内容主要阐述工作分析结果在其他人力资源管理中的应用，如图 6-1 所示。

图6-1 工作分析的结果应用

6.2.1 工作分析与招聘管理

工作分析为选拔和招聘人才提供依据，通过工作分析帮助企业了解岗位的任职要求和岗位职责，即工作说明书，从而帮助企业选择合适的人才。在实际工作中，企业通常采用现场招聘、网络招聘、校园招聘、传统媒体等方式。无论最终选择哪一种方式，其中最重要的就是招聘广告的设计。招聘广告是企业员工招聘的重要工具之一，其设计的好坏直接影响应聘者的素质和企业的竞争。

在设计招聘广告时可以从三个方面入手：首先，确定招聘内容，传统的招聘广告内容一般包括本企业的基本情况，招聘人员的基本条件，福利待遇，联系方式，报名的时间、地点、方式及需带的证件、材料等。在实际中要注意的是招聘内容一定要完整清晰且客观准确，完整清晰的广告会让人一下子抓住重点，客观准确的广告避免了夸大其词的现象。其次，做好招聘广告版式的设计，在版式设计上，排版要突出主题，体现企业文化；颜色搭配要和谐、不冲突；字体设计上不可过于花哨。最后，检查广告是否涉及性别歧视、学历歧视、地域歧视等内容，在设计广告时应把"尊重"看作人力资源开发与管理的基本准则。

单击"招聘管理"，系统提示"依据已知的岗位说明书，设计一则招聘广告"。此时，单击工作分析的结果中的"工作说明书编撰"查看工作说明书，如图6-2所示。

图6-2 查看工作说明书

根据岗位说明书，设计招聘广告，内容主要包括公司介绍、职位介绍、任职要求及岗位职责，如图6-3所示。

图6-3 设计招聘广告

1) 公司介绍

在描述公司介绍时要尽可能与求职者分享公司的发展历程，而不只是列出职位要求。应聘者的第一印象及对公司的了解都是通过企业简介的介绍。

单击"背景案例"按钮，查看案例，从案例中概括公司介绍的内容，以牛伊斯特案例为例：公司介绍可从公司简介中直接获取，例如，牛伊斯特国际贸易有限公司是一家已有近30年历史的国有企业，主要从事牛肉、牛奶及其他牛制品的进出口贸易，是一家集牛肉养殖、肥料生产、稻草熏蒸出口、海上运输及国际贸易等于一体的农业产业化龙头企业。集团最大限度地利用有效资源，建立健全了良性的生态循环系统，形成了独具特色的以肉牛繁育、养殖、饲料加工、屠宰、加工、销售、粪肥处理一条龙的产业化经营格局。最后将内容填入下面方框内，如图6-4所示。

图6-4　公司介绍

2) 职位介绍

在进行职位介绍时，要注意职位的描述应具体清晰，最好让人从职位名称中就能明白该职位的大概方向。还可以把现有员工一天的工作感受用幽默的语言表达出来，或者指出对于胜任这个岗位的员工的职业发展空间是怎样的。

根据工作说明书，确定需要招聘的职位，如图6-5所示。

图6-5　职位介绍

3) 任职要求

任职要求一般包含年龄、户口、婚否、学历、经验、技能这几项。若有特殊要求的也需标明清楚，如需要长期出差、需要长期驻扎在某地等。根据案例和工作说明书确定岗位任职要求，如图6-6所示。

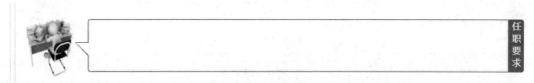

图6-6　任职要求

4) 岗位职责

岗位职责是组织为完成某项任务而确立的，由工种、职务、职称和等级内容组成。根据案例和工作说明书确定岗位职责，如图6-7 所示。

图6-7　岗位职责

除了以上内容外，在招聘广告中还要体现薪酬福利，薪酬福利的设计要体现合理性和竞争性，应聘者往往比较关注该点。同时可以强调企业的文化建设、工作环境，突出企业内部培训机制或晋升机制以获得求职者的青睐。

招聘广告设计完成之后，单击"提交"按钮，显示一份内容完整的招聘广告，如图 6-8 所示。

招聘广告

公司介绍

牛伊斯特国际贸易有限公司是一家已有近30年历史的国有企业，主要从事牛肉，牛奶以及其他牛制品的进出口贸易，是一家集牛肉养殖、肥料生产、稻草蔬菜出口、海上运输及国际贸易等一体的农业产业化龙头企业。集团最大限度地利用有效资源，建立健全了良性的生态循环系统，形成了独具特色的以肉牛繁育、养殖、饲料加工、屠宰、加工、销售、粪肥处理一条龙的产业化经营格局。集团年产6万头肉牛屠宰加工基地项目总投资12800万元。公司生产基地占地面积80000 ㎡，建筑面积20000㎡，其中生产用房16000㎡。公司拥有三条现代化的屠宰生产线、三条精分肉品深加工生产线，现有生产能力年屠宰6万头肉牛，深加工精肉产品和副产品3万吨。生产车间全部按照欧盟卫生标准设计建造、全封闭、无菌、恒温条件下生产的产品完全符合出口欧盟标准。采用国内一流的制冷设备，建设了可一次性整体排酸1000头的排酸库，容量200吨的 - 40℃速冻库以及5000吨的成品冷藏库。集团实行从 "农户到餐桌" 全程严密质量控制。牛肉将销往中东、欧洲、中国港澳等国家和地区，形成出口外销与内销 "双销并举" 的良好销售体系，其年进出口总额最高达到了4.8亿美元，在全行业中排名靠前，享有很高的知名度。随着公司发展的不断壮大，公司也在不断吸纳各界人才，引入新鲜 "血液"。同时，牛伊斯特本着 "关注人 培养人 成就人" 的理念不遗余力地、有针对性地培养在职员工，提高员工队伍整体素质。欢迎各界优秀人才加入我们的团队。

职位介绍

销售主管

协助销售经理完成销售部门的日常工作事务，以确保公司销售任务的完成。

任职要求

学历要求：
　◆市场营销相关专业本科以上学历。
培训经历：
　◆受过市场营销管理、销售流程与操作技巧等方面的培训。
经　　验：
　◆3年以上相关工作经验。
技能技巧：
　◆了解与销售相关的政策法规；
　◆熟悉国内外产品的市场销售动态；
　◆具备市场营销、企业管理等方面的知识；
　◆熟练使用相关办公软件。
能力素质：
　◆具有良好的沟通能力、应变能力、敏锐的市场观察力、分析力、判断力；
　◆具有较强的进取心、开拓意识。

岗位职责

1. 根据公司整体经营目标，参与制订销售计划，同时制订每月销售计划，掌握销售进度；
2. 协助销售经理共同进行项目组的管理工作，服从上级的安排，竭尽全力做好每一项工作；
3. 定期组织汇报销售情况，编制销售报表，定期报送经理；
4. 每日确认各业务员当日业绩；
5. 根据销售计划，参与制定和调整销售方案（策略），并负责具体销售方案实施；
6. 负责组织销售人员及时总结交流销售经验，加强业务修养，不断提高业务水平；
7. 销售现场日常管理工作；
8. 根据公司规定，定期对业务员进行考核；

完成　　解析

图6-8　完整的招聘广告

6.2.2　工作分析与培训开发

工作分析是员工培训的基石，通过工作分析有利于确定员工的培训需求、制订培训计划、开展培训工作、培训的转化。

单击"培训开发"，系统提示"根据职能工作分析法的结果，判断出岗位的培训需求及相应的培训课程名称"。此时，单击"职能工作分析法"，查看职能分析法的结果。

职能分析法(FJA)是用以分析非管理性工作最常使用的一种方法，它既适用于对简单工作的分析，也适用于对复杂性工作的分析。这种方法的关键之处在于其系统性，从而为培训项目的设计提供充分的资源依据。

1) 确定培训需求

根据职能工作分析法的结果，确定培训需求，或者单击"添加"按钮，添加更多的培训需求，如图 6-9 所示。

图6-9　确定培训需求

2) 确定培训课程

根据职能工作分析法的结果，确定培训课程，或者单击"添加"按钮，添加更多的培训课程，如图 6-10 所示。

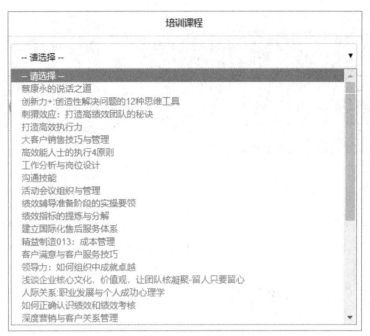

图6-10　培训课程的选择

　　根据牛伊斯特背景案例，在确定培训需求之后，可以找出培训需求中的重点，如果培训需求选择的是客户服务，可以看出客户服务中最重要的就是"客户"，那么相对应的培训课程也应该与客户有关，我们就可以选择深度营销与客户关系管理这一个与客户有关的培训课程。如果在选择的过程中没有合适或满意的选项，则可以单击"自定义添加"按钮，自己添加培训需求及培训课程，如图 6-11 所示。

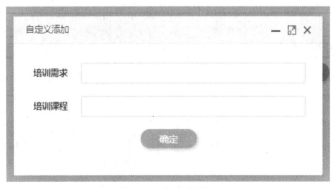

图6-11　自定义添加

　　确定完所有内容并提交后，在工作分析结果应用的首界面可以查看填写的内容或解析，如图 6-12 所示。

图6-12　培训开发内容及解析

6.2.3　工作分析与绩效管理

工作分析最直接的结果是岗位说明书，它把岗位的职责、权限、工作内容、任职资格等信息以文字形式记录下来，以便管理人员使用。而绩效管理的一种直接表现形式就是根据岗位说明书的内容对岗位进行管理。只有做好工作分析，岗位说明书才能更科学合理，从而使绩效管理方案更加科学可行。

单击"绩效管理"，系统提示"根据具体的岗位工作内容来选取合适的岗位绩效指标"，如图 6-13 所示。

图6-13　工作分析在绩效管理中的应用

1) 确定岗位工作内容

首先查看背景案例，确定工作岗位。牛伊斯特案例中，岗位以销售主管为例，仔细阅读销售主管的岗位说明书，确定岗位工作内容，然后选择对应的岗位工作内容，如图 6-14 所示。

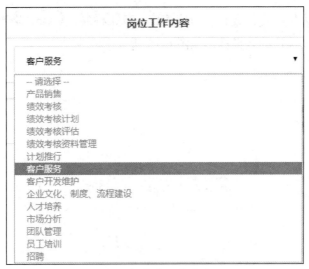

图6-14　岗位工作内容

2) 确定岗位绩效指标

岗位绩效指标是对岗位工作内容的完成程度及完成质量的一种评价，在根据岗位工作内容选择岗位绩效指标时一定要找到两者之间是否有评定的关系。例如，牛伊斯特案例中，岗位工作内容为客户服务，那么相应的绩效考核指标为每年客户投诉率小于1%，如图6-15所示。

图6-15　岗位绩效指标

在选择好一个岗位工作内容和相对应岗位绩效指标后，单击"添加"按钮，继续选择其他岗位工作内容及岗位绩效指标，如图 6-16 所示。

图6-16　内容添加

如果没有合适的工作内容及绩效指标，可以进行自定义添加，如图 6-17 所示。

图6-17　自定义添加界面

确定完所有内容并提交后，在工作分析结果应用的首界面可以查看填写的内容或解析，如图 6-18 所示。

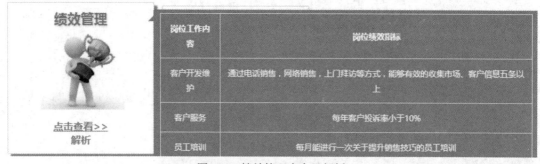

图6-18　绩效管理内容及解析

6.2.4　工作分析与薪酬管理

企业在进行薪酬设计之前必须对企业内所有的岗位进行评价，而进行岗位评价的前提就是工作分析，因此，工作分析在薪酬设计和管理中非常重要。在工作分析与评价基础上确定的薪酬等级反映了基于职务的组织内部公平的原则。

职等是针对岗位的等级划分，各个序列下的岗位，可依据职等进行横向比较。例如，各部门经理如财务经理、销售经理、人力资源经理属于同一职等。职级是同一序列岗位薪资维度在级别上的区分，例如，销售代表岗位，可分为普通销售代表、中级销售代表、高级销售代表三个职级。

单击"薪酬管理"，系统提示"根据背景案例及工作说明书对应给出的职等职级薪资对应表，确定该岗位的职等、职级及薪资水平区间"，如图 6-19 所示。

图6-19　工作分析在薪酬管理中的运用

1) 确定岗位

查看案例和工作说明书确定岗位，以牛伊斯特案例为例，如图 6-20 所示。

五、工作分析的结果

牛伊斯特国际贸易有限公司在对岗位分析完毕后就立刻开始了各岗位工作说明书的编写，下面以销售主管岗位说明书为例：

职位名称	销售主管	职务编号	JC170302
所属部门	销售部	所属职系	销售职系
聘用来源	内部挑选	发展方向	销售经理
直接主管	销售总监	直接下属	销售专员
角色特征	协助销售经理完成销售部门的日常工作事务，以确保公司销售任务的完成		
岗位职责：			
1. 根据公司整体经营目标，参与制订销售计划，同时制订每月销售计划，掌握销售进度；			
2. 协助销售经理共同进行项目组的管理工作，服从上级的安排，竭尽全力做好每一项工作；			
3. 定期组织汇报销售情况，编制销售报表，定期报送经理；			
4. 每日确认各业务员当日业绩；			
5. 根据销售计划，参与制定和调整销售方案（策略），并负责具体销售方案实施；			
6. 负责组织销售人员及时总结交流销售经验，加强业务修养，不断提高业务水平；			
7. 销售现场日常管理工作；			
8. 根据公司规定，定期对业务员进行考核；			
9. 组织销售培训，支持员工对新的工作方法或流程的实践；			
10. 完成销售经理交办的临时性任务。			

图6-20　岗位确认

2) 查看职位、职等、职级与薪资对应表

单击"职位、职等、职级与薪资对应表",如图 6-21 所示。根据职位、职等、职级与薪资对应表,找出销售主管的薪资水平区间及职等、职级所在的范围。

职位、职等、职级与薪资对应表

职等	职级	基准工资	基本工资	绩效奖金	例行加班工资(以16小时为基准)	行政职位	非 行 政 职 位					
G	3	22000	3000	18424	576	总经理						
	2	17000	3000	13424	576							
	1	13000	3000	9424	576	副总/总监						
F	5	12000	2500	9020	480							
	4	10000	2500	7020	480	部长/总经理助理						
	3	8500	2500	5520	480							资深工程师
	2	7000	2500	4020	480	副部长	资深业务/采购	资深会计师	资深程序员			
	1	6000	2500	3020	480							
E	8	6500	2000	4116	384							
	7	5900	2000	3516	384					专员/(助理)证券事务代表		
	6	5400	2000	3016	384	部长助理						高级工程师
	5	4900	2000	2516	384	科长/办公室主任	高级业务/高级采购	高级会计师	高级程序员			
	4	4500	2000	2116	384							
	3	4100	2000	1716	384							
	2	3800	2000	1416	384							
	1	3500	2000	1116	384							
D	8	4000	1300	2450	250							
	7	3700	1300	2150	250							
	6	3400	1300	1850	250	主任				高级助理(含业务/采购/关务/调度/人事/行政/计划员)		
	5	3100	1300	1550	250		业务员/采购员	报关员/会计	网管员/程序员		证券助理	工程师
	4	2900	1300	1350	250							
	3	2700	1300	1150	250						高级维修技师	高级机长
	2	2500	1300	950	250							
	1	2300	1300	750	250	副主任						
C	8	3000	1100	1689	211							
	7	2700	1100	1389	211					助理(含业务/采购/关务/调度/人事/行政/计划员)		
	6	2500	1100	1189	211	转班	助理业务/助理采购	助理会计/出纳			助理工程师	
	5	2300	1100	989	211						维修技师	机长
	4	2100	1100	789	211							
	3	1900	1100	589	211	组长/队长						
	2	1700	1100	389	211							
	1	1500	1100	189	211							
B	8	2000	1050	748	202		文员/档案管理员			电工/维修工	三级操作员	司机
	7	1800	1050	548	202					三级操作员/过磅员		
	6	1600	950	468	182							
	5	1400	950	268	182				现场QC	仓务员		
	4	1300	900	227	173					一级操作员/过磅员		
	3	1200	900	127	173							
	2	1150	900	77	173							
	1	1100	900	27	173							保安
A	5	1300	850	287	163							
	4	1200	850	187	163					操作工/包装工		
	3	1100	850	87	163							
	2	1050	850	37	163							
	1	1013	850		163							

备注:1、岗位分行政岗位与非行政岗位;
2、非行政职级中,分基础职级和特别职级(用"高级"表示);
3、基础职级中最高的两个级别进行严格的比例控制(如:机长G7+G8的只能占总数的20%);
4、特别职级,部门无名额,由总经理特批,严加控制;
5、职位所对应的最低级表示该职位的起薪点;
6、字体红色表示有加班费用岗位。

图6-21 职位、职等、职级与薪资对应表

确定完所有内容并提交后,在工作分析结果应用的首界面可查看填写的内容或解析,如图 6-22 所示。

图6-22　薪酬管理的内容和解析

参 考 文 献

[1] 萧鸣政. 工作分析的方法与技术[M]. 第五版. 北京：中国人民大学出版社，2018.

[2] 埃里克·普里恩，伦纳德·古德斯坦. 工作分析使用指南[M]. 北京：中国人民大学出版社，2015.

[3] 付亚和. 工作分析[M]. 第三版. 上海：复旦大学出版社，2019.

[4] 萧鸣政. 工作分析与评价[M]. 北京：科学出版社，2019.

[5] 朱颖俊. 组织设计与工作分析[M]. 北京：北京大学出版社，2018.

[6] 陈俊梁. 工作分析：理论与实务[M]. 北京：中国人民大学出版社，2017.

[7] 葛玉辉. 工作分析与设计[M]. 北京：清华大学出版社，2014.

[8] 姚月娟. 工作分析与应用[M]. 第四版. 大连：东北财经大学出版社，2017.

[9] 杨明海. 工作分析与岗位评价[M]. 第3版. 北京：电子工业出版社，2018.

[10] 潘泰萍. 工作分析：基本原理、方法与实践[M]. 第2版. 上海：复旦大学出版社，2018.

[11] 李书玲. 组织设计[M]. 北京：机械工业出版社，2016.

[12] 孙宗虎. 流程优化与工作分析精细化实操手册[M]. 北京：中国劳动社会保障出版社，2013.

[13] 万希. 工作分析：人力资源管理的基石[M]. 北京：电子工业出版社，2017.

[14] 周鹏飞. 工作分析[M]. 重庆：西南师范大学出版社，2018.

[15] 王明琴. 人力资源管理[M]. 北京：科学出版社，2013.

[16] 朱勇国. 工作分析[M]. 北京：高等教育出版社，2007.

[17] 林荣模. 工业心理学[M]. 台北：正文书局，1980.

[18] 李文辉. 工作分析与岗位设计[M]. 北京：中国电力出版社，2014.

[19] 杨晶照. 组织设计与工作分析实训教程[M]. 南京：江苏大学出版社，2017.

背 景 资 料

牛伊斯特国际贸易有限公司工作分析案例

一、公司简介

  牛伊斯特国际贸易有限公司是一家已有近 30 年历史的国有企业，主要从事牛肉、牛奶及其他牛制品的进出口贸易，是一家集牛肉养殖、肥料生产、稻草熏蒸出口、海上运输及国际贸易等于一体的农业产业化龙头企业。集团最大限度地利用有效资源，建立健全、良性的生态循环系统，形成了独具特色的以肉牛繁育、养殖、饲料加工、屠宰、加工、销售、粪肥处理一条龙的产业化经营格局。集团年产 6 万头肉牛屠宰加工基地项目总投资 12 800 万元。公司生产基地占地面积 80 000 平方米，建筑面积 20 000 平方米，其中生产用房 16 000 平方米。公司拥有三条现代化的屠宰生产线、三条精肉产品深加工生产线，现有生产能力年屠宰 6 万头肉牛，深加工精肉产品和副产品 3 万吨。生产车间全部按照欧盟卫生标准设计建造，全封闭、无菌、恒温条件下生产的产品完全符合欧盟出口标准，并采用国内一流的制冷设备，建设了可一次性整体排酸 1000 头的排酸库、容量 200 吨的﹣40℃速冻库及 5000 吨的成品冷藏库。集团实行从"农户到餐桌"全程严密质量控制，牛肉将销往中东、欧洲、中国港澳等国家和地区，形成出口外销与内销"双销并举"的良好销售体系，其年进出口总额最高达到了 4.8 亿美元，在全行业中排名很靠前，享有很高的知名度。

牛伊斯特国际贸易有限公司表示，公司未来发展战略、品牌理念、企业文化都将以满足消费者和客户需求为导向，以多方共赢为基础，推进内销和外销协同发展的核心战略，实现公司由内而外的品牌升华。

随着中国加入 WTO，进出口贸易的状况有了很大的变化，牛伊斯特国际贸易有限公司也面临着越来越大的经营压力。目前，该公司的平均营业收益率仅为 5%，而且还存在着较大的交易风险。

二、工作分析准备阶段

从该公司的经营状况来看，公司的销售收入逐年大幅下降，收益率越来越低，而且近年来投资失误接连不断，法律纠纷也时时发生，银行信用大打折扣，几乎降到零点。企业经营出现问题，员工个人收入年年下降，从而导致员工离职率高，使内部人员供给不足。员工渐渐不满公司的绩效考核体系和薪酬结构，收入下降也导致员工情绪低落，纪律涣散，并且谣传公司即将破产，员工纷纷暗中寻找"退路"。

公司规模的扩大和外部环境的变化必然会对公司产生不利影响，关于员工纷纷寻找"退路这一现象"也令人力资源部门相当惶恐，公司管理人员全体讨论，一致认为应尽快安抚员工以保证人力资源得到有效利用。为了解决公司目前存在的问题，人力资源管理人员打算了解企业经营的各个重要业务环节和业务流程，以及各个岗位目前所做的工作和工作状态，制定合理的岗位说明书，以解决人力资源管理过程中的相应问题。在牛伊斯特国际贸易有限公司急需用人的关键阶段，工作分析能够为招聘、录用提供基础依据，分辨哪些候选人符合公司所需，对于在岗员工，也可以让他们清晰地认识到自己的工作职责，明确自身需要提升的方面，从而公司可以有针对性地对员工进行培训，帮助其更好地完成目标。另外，在工作分析的基础上对岗位进行评价，合理地制定出岗位薪酬，也能最大限度地激励员工发挥出最佳的潜能，为公司创造更大的价值。为了及时应对公司目前存在的问题，工作分析这项工作迫在眉睫。

为此公司特地聘请了能够对工作分析进行策划并提供技术帮助的外部工作分析专家，由外部和公司内部的工作分析专家组成专家组，并且与牛伊斯特公司有关领导及部门主管共同组成工作分析实施小组，人力资源管理人员负责工作分析的具体实施，公司希望经过相关人员的共同努力，能够对公司存在的问题进行诊断，帮助公司渡过难关。

公司期望通过外部专家的介入和工作，促使牛伊斯特国际贸易有限公司形成新的组织结构、职能权限体系和业务工作流程。经过小组会议讨论，公司决定通过不同的工作分析方法，针对各部门进行相应的调查分析。工作分析调查小组由选出的联络协调人员和人力资源部经理组成，并灵活运用访谈法、问卷调查法、直接观察法和工作日志法等对不同部门的人员进行调查，从而广泛深入地收集有关岗位的各种数据资料。

工作分析作为基础性工作，关系着后续各项人力资源管理工作是否能有效开展，工作分析做得好，有助于从源头上降低人才管理风险。为了做好工作分析，公司主要从以下几个方面来准备开展工作分析。

(1) 确定工作分析的目标。

(2) 制定总体的实施方案。

(3) 收集和分析有关的资料。

(4) 锁定工作分析的信息，确定收集信息的方法。

(5) 组织及人员方面的准备。

此次工作分析涉及的部门及人员有人事部门、行政部门、总经理、经理、生产部门、一线作业员、财务部门、办公室秘书。经过仔细研究，公司确定了此次工作分析将要完成的内容，具体如下。

(1) 了解各个职位的主要职责与任务。

(2) 根据新的组织机构运行的要求，合理清晰地界定职位的职责权限及职位与组织内外的密切关系。

(3) 确定各个职位的关键绩效指标。

(4) 确定对工作任职者的基本要求。

公司对综合部、生产部、销售部、行政部、后勤部等部门中的重要岗位进行岗位分析，如表1岗位调查表。

表1　岗位调查表

部门	岗位	时间	地点	方法	工作年限	说明
办公室	秘书	2017.6.5	办公室	访谈法	2	具备专业能力,熟悉工作流程
生产部	经理	2017.6.15	生产车间、办公室	工作日志法、问卷调查法	3	决定部门的方向,对组织有决定性作用
销售部	主管	2017.7.3	咖啡厅	关键事件法、访谈法	2	决定部门的各类活动
行政部	管理人员	2017.7.7	办公室	问卷调查法	2	协调各部门工作
后勤	保洁员	2017.7.13	公司内	观察法	1	仅关心自己的工作内容

三、工作分析调查阶段

公司为工作分析做了充足准备，接下来便按计划正式开展工作分析的有关工作。

人力资源经理老王(访谈者)让公司负责联络协调的人员提前安排好了与秘书小张(任职者)的谈话时间，星期一的上午，老王和咨询顾问走进了秘书办公室。秘书小张作为办公室秘书，职位编号是0011，日常工作主要是协助主管做好日常行政工作。老王在与小张简单地寒暄之后便开始进入了正题，以下是有关访谈内容。

访谈者： 我想您已经知道了公司现在正在进行的工作分析工作，今天与您交谈的目的是为了了解一些有关您这个职位的信息，因为您是最了解这方面信息的人，希望您能够配合！

任职者： 好的。

访谈者： 您在这个职位上干了多长时间？能简单介绍一下您的工作吗？

任职者： 我去年大学毕业就来到牛伊斯特公司做秘书，日常主要的工作内容就是协助领导下做好办公室日常行政事务及文秘工作，工作时间基本固定在周一到周五的9点到17点，加班情况较少。

访谈者： 首先我想要了解一些有关工作内容方面的情况。请您简单介绍一下您的工作职责有哪些？或者说主要做哪些工作？

任职者： 我的工作概括起来主要是：负责各种文件的起草、装订及传递工作；及时处理上级文件的签收、传递、催办；做好文件的回收、清退、销毁工作；做好文秘档案收集管理及保密工作；做好各种会议的记录及会务工作；做好单位印章管理；按规定开具介绍信，做好来访接待工作；做好联网微机管理工作；每天定时开机接收文件；做好信息收集及报送工作；负责本单位办公用品的采购和供应工作；完成领导交办的其他任务和各种应急事务。

访谈者： 听您讲了这些，我对您的工作有了一个初步的了解，您能不能再稍微具体讲一些在工作中你们部门主要做哪些工作？

任职者： 其实有很多工作也是配合公司领导做的。公司领导需要与市里的领导、上级主管单位的领导保持密切的关系，我经常陪同领导参加这样一些活动。还有一些像代理商、媒体等，也是要经常联络，保持良好的关系。有些常规性的工作我这里要负责落实，例如我这儿有一些重要人物的名单，到了逢年过节的时候，要给他们送一些小礼品什么的。另外我们的刊物也要按期发给他们，这些都要我们部门来做。

访谈者： 这么大的工作量，你们部门是怎样分配工作的呢？

任职者： 文件处理这块主要由两人负责，一个负责文件起草，另一个负责文件管理；物品采购这部分就一个人，我主要负责会议记录，做好来访接待工作。

访谈者：接下去，我想同您讨论一下对从事您这项工作的人的一些基本要求。需要强调的是，我们想要了解的是能够胜任这项工作的人所必不可少的条件，是最低的工作要求。另外，不考虑您本人现在的水平如何，而是讨论应该具备怎样的条件就可以了。首先，您觉得要干好您的工作至少需要哪些知识、技能、能力？

任职者：我觉得要干好我这项工作，不一定需要有多深的知识，但知识面要广，因为接触的是方方面面的人。要善于处理人际关系，善于与人沟通，还要善解人意。要懂一些广告知识、VI 知识、公共关系知识，另外还要有比较好的文笔。此外处理事情要灵活，善于应变，还要能承受压力。

访谈者：您觉得从事您现在的工作至少需要什么样的教育背景？包括教育程度、专业方向。

任职者：我觉得本科就可以了，最好是学中文、新闻等专业的。我本人是学中文的，在实际工作中还是觉得有很多东西需要学习。由于我们主要与计算机打交道，因此必备的计算机操作能力也是必需的。

访谈者：您觉得经验在这个工作中重要吗？要想从事您现在的工作至少需要什么样的工作经验？另外，需要接受哪些培训？

任职者：经验非常重要，因为这项工作的很多方面都需要从实践中积累经验。怎么为人处世，怎么同不同的人打交道，这些都不是能从书本中学到的。我想至少得有一两年的经验吧。关于培训，如果有条件接受一些专业的培训会更好，毕竟工作很多时候都需要用到计算机，如果能熟练应用各种办公软件将会很大程度上提高工作效率。

访谈者：在工作中，您最看重的是什么？

任职者：对我个人而言，我比较看重的是自我成就感和良好的人际关系环境。很好地完成一项工作可以为我带来很大的成就感，这种感觉让我体会到被认可，也刺激我进一步努力。

访谈者：现在，我们想了解一下您对秘书这个工作的看法，您认为您是如何做好这一工作的？

任职者：我觉得无论什么时候，一个人的力量总是微弱的，换句话说，同事之间的团结互助一定会大大提高工作效率，减少工作失误。秘书这个工作需要极度的细心来做好每一项任务，怀着对待职位的责任心就会进一步做好工作，最后很重要的一点就是面对繁重的工作，自己也要学会化解压力。

访谈者：对于这项工作您还有什么要求吗？

任职者：我觉得形象应该要比较好。这不是开玩笑，因为总要跟人打交道，形象好一些容易让人喜欢。

访谈者：好。谢谢您提供了这么多有用的信息。不好意思，占用您宝贵时间。

任职者：没关系，不必客气。

谈话过后，老王向秘书的积极配合表示了感谢，并承诺谈话内容将仅用于工作分析调查工作，不会为其工作带来其他影响。

人力资源部经理老王与生产部经理李云杨是多年的工作伙伴，作为一名已经在公司工作了十年的老干部，李经理对生产部的所有流程都相当熟悉，并且李经理的认真负责在部门中是出了名的，部门所有员工对他都很尊敬。老王要求老李填写一份调查问卷，在此基础上，老王又决定用一天的时间，对其工作情况进行观察并将有关信息记录下来，以便事后进行工作分析。

这一天，老王从早上 8 点就来到了老李的工作岗位，老李也准时到岗，开始了一天的工作。首先，老李对部门员工的出勤情况进行了统一检查，确保人员到岗后，即对工作场地进行 5S 管理，简短的 30 分钟内，老李就处理好了当天的准备工作。紧接着，老李的工作正式开始，首先要检查前一日的工作成果，并审核当日的工作任务，上午 9 点钟老李将任务审核完毕。当然，整个生产部门的工作老李要全权负责，不能有一丝马虎，除此之外，仓库管理及部门之间的协调工作都需要老李亲力亲为，老王看了看时间，一个小时又过去了。老李作为生产部经理，为了配合各部门有效工作，还需对各部门之间的工作情况进行了解，从而有助于各部门工作效率的提升，于是老李又跑去与各部门主管交流将近 40 分钟。邻近午休，老李还要完善生产部门的规章制度，以及各工序的工作流程。11 点 30 分午休时间，老李开始午休。到了下午 1 点钟，老李走进了生产车间，现场进行指挥生产，完成相关任务工作。老王没想到，这项工作一做就是两个半小时。为了保持生产的先进性，老李还增加了一些新设备、新工艺、新技术加以应用。由于员工对新技术的不熟悉，所以老李专门对员工进行了简要的培训工作，半小时后才转向其他工作。当然对于生产部门提出的配合次日完成生产任务的要求，老李还要对其他部门的不良配合按时上报总经理。老王本以为在下午 4 点 40 分结束以上工作后，老李会歇一歇，只见老李从车间出来后，转向办公室，原来公司最近一直致力于编制公司中长期发展计划，因此老李还要协助总经理完成有关事项，以及审定年度生产、销售综合计划，提出季度工厂奋斗目标和中心工作及重大措施方案等。直到傍晚 6 点钟，老李一天的工作终于结束了。经过了解，老李每天基本都是这样忙忙碌碌地工作，也正因老李的勤勤恳恳，获得了所有员工对他的尊敬。老王经过一整天的观察也基本了解了生产部经理的日常工作。

第二天，老王结合之前老李填写的调查问卷，进一步了解了生产部经理的职位信息。生产部经理的主要工作内容包括：制订并组织实施本部门年度工作计划，规划分配工作，及时掌握生产作业进度规划并完成组织生产目标；依照公司供应计划合理安排车间日生产计划，并统计生产工时及制作生产日报表；召集、主持生产会议，全面管理、协调生产工作；负责组织生产现场管理工作，监管员工的工作质量及进度，解决生产操作过程中出现的问题，及时处理部门内各项突发事件，对无法解决的问题及时上报；拟订和修改生产、设备、5S现场管理等各项管理制度，并检查制度的贯彻执行；负责员工的生产安全教育工作，贯彻实施工作规程，监督控制产品质量，保障生产安全；主持部门员工的任用、培训和考核等各项工作；完成上级交办的其他工作。老李表示，胜任这个岗位需要大专以上学历，受过有关生产技术培训，具有较强的沟通、协调、管理能力和影响力，可以熟练操作办公软件。作为生产部经理，要具备解决突发问题的能力，职务责任比较大；个人要爱岗敬业，以严谨的心态对待工作和员工，能吃苦耐劳，懂得团队合作，除此之外还要有奉献精神，为员工做出榜样。

由于牛伊斯特公司一直提倡在内部引入竞争机制，激发员工的动力。因此，在每一个具体的销售大项目中，都会同时让2名销售主管分别成立项目组来进行推进，并且给予达成销售任务的项目组以极其丰厚的绩效奖励。

销售部的主管陈俊毅，曾经连续丢了几个大订单，而且都输给了同组的另外一个销售主管刘蓓儿。令陈俊毅很奇怪的是，刘蓓儿是一名刚到公司任职不久的新人，既没有实际的系统解决方案，又没有在农产品行业的成功实例，而陈主管则是一名已经有着十年工作经验，业务能力突出的销售精英，也有很强的客户群。基于以上情形，人力资源部经理老王打算找两人谈一谈，互相交流一下经验。

那是一个悠闲的午后，人力资源部经理老王约了陈主管和刘主管在公司的咖啡厅见面。老王简单地介绍了此次谈话的目的，没想到陈主管见到刘主管时，简单寒暄了几句，便单刀直入地谈起了先前的订单。刘主管也不讳言她是怎么赢的。陈主管首先问起了华北某省某公司的订单，因为他们组的销售代表在当地待了几个月，做了很多工作，本以为十拿九稳，最后居然失败了。当问到她是怎么获得这个项目的时候，刘蓓儿主管反问道："你猜我在签这个合同以前去见了客户几次？"然后，她晃着头骄傲地说道："两次，第一次两天，第二次三天。"老王见二人讨论热烈，便没有多讲话，只是默默地将内容记录下来。

陈主管：这不可能，在5天内你可能连客户都认不全。

刘主管：没错，这个项目牵扯到某公司的很多部门，有经理、主管的总监、财务中心的主任等，5天之内全见到都不可能，别说去做工作了。而且我们的竞争对手，也就是你们的代理商已经在那里待了一个多月了，从工程师到主任都有很好的关系。但是确实我就去了两次，总共去了5天。

陈主管：你以前就认识这些客户？

刘主管：所有的客户都是我在这个项目中认识的。

陈主管：你在跟我开玩笑，如果这样，我们的代理商绝不会输给你。

刘主管：没有呀，我第一次去的时候一个人都不认识，我就一个部门一个部门地去拜访，所有相关部门的人我都见过了，这时我就要去见经理。

陈主管：经理一定不见你，即使见你，也会马上就把你打发走了。

刘主管：比这还糟糕，经理根本不在，出差了。所以我那次出差就没有见到经理。

陈主管：怎么可能？

刘主管：听说经理不在，我就去了办公室，问经理去哪里出差了。办公室的人告诉我他今天去了北京。我要到了经理住的宾馆的名字。

陈主管：然后呢？(当听到她要到宾馆名字的时候，陈主管开始有些感觉了。)

刘主管：我立即打电话告诉我们的营销老总，说经理在北京，请老总一定要想办法接待一下。然后我打电话到这个酒店，请酒店送一束鲜花和一个果篮到客户的房间，写上我的名字，我付账。第二天，我就乘最早的飞机回了北京。

到了北京之后，我立刻就给老总打了一个电话，老总让我赶快来宾馆。我让出租车直接从机场开到了宾馆。我进入大堂，正要打电话，发现我们老总正和一个中年人在一起喝咖啡。原来，我打电话的当天，老总就去宾馆拜访了经理，并约经理在开会的空闲去公司参观。我到了之后，老总正在接待经理。

陈主管：然后呢？

刘主管：经理对我们公司印象非常好，当天晚上，我们请经理去看了话剧，当时北京正在上演老舍的话剧《茶馆》，经理非常喜欢。

(听了刘主管的一番讲述，老王也是露出满意的笑容。)

陈主管：你为什么去请经理看话剧？

刘主管：我在当地与客户谈的时候，就留意经理的兴趣，他们告诉我经理是个戏剧迷，而且一起看话剧又算不上腐败，经理就接受了。

话剧结束时，老总建议在当地做一个农产品的交流活动，到时请经理露个面，经理很痛快地答应了。

一周以内，老总亲自带队到了当地，经理也很给面子，亲自将所有相关部门的有关人员都请来一起参加了交流活动。老总后来告诉我，当他看到这么多人来参加，他就预感到这个项目有戏。

陈主管：你没去？

刘主管：当时我正在做另外一个项目，客户的技术小组在北京。况且，老总去了，什么都能搞定，要我干什么。后来我又去了一次，第三次去就是签合同了。

陈主管：你很幸运，刚好经理来北京。

刘主管：这有什么幸运，我的每个重要客户的行程都在这里了(她扬起手中的记事本)。我对客户的行程清清楚楚，只要和办公室的人熟悉就行了，一点儿都不难。

陈主管接过来一看，果然，密密麻麻地记了很多名字、时间和航班，也终于意识到刘主管为什么能拿到这个项目，陈主管感触颇深。老王觉得此次两个人的谈话很有意义，并表明以后一定还会有很多机会来互相交流经验。

对公司的后勤服务人员及前台等工作人员，公司主要采取观察法对其日常工作进行调查记录。例如，公司内部的保洁人员，工作分析人员一整天跟随保洁员进行直接工作观察，从而收集有关职位信息。对行政管理人员的职位信息调查，公司则设计出了一套切实可行、内容丰富的问卷，通过问卷调查的形式了解该岗位基本信息及任职人员对岗位的看法。通过种种方法，工作分析实施人员将公司上下各个岗位信息进行了全面的调查，使工作分析工作得以顺利进行下去。

四、工作分析的分析阶段

经过一个多月的调查后，工作分析调查小组基本对公司的各个岗位的情况都有所了解，接下来的工作就是希望借助内外部工作分析专家的帮助对有关岗位进行分析。结合公司各岗位及工作人员的特征，公司决定，对于行政岗位如办公室秘书的分析采用职能工作分析法，而对于销售部则采用关键事件法，最后用任务清单系统对生产部的工作情况进行分析。牛伊斯特国际贸易有限公司坚信，没有一个公司不存在丝毫漏洞，只有愿意承认且努力完善的公司最后才能走向市场前列。总之，公司将此次工作分析工作严格对待，希望工作分析结果能对公司产生有利影响。

五、工作分析的结果

牛伊斯特国际贸易有限公司在对岗位分析完毕后就立刻开始了各岗位工作说明书的编写，销售主管岗位说明书样例如表2所示。

表2　销售主管岗位说明书样例

职位名称	销售主管	职务编号	JC170302
所属部门	销售部	所属职系	销售职系
聘用来源	内部挑选	发展方向	销售经理
直接主管	销售总监	直接下属	销售专员
角色特征	协助销售经理完成销售部门的日常工作事务，以确保公司销售任务的完成		

(续表)

岗位职责

1. 根据公司整体经营目标，参与制订销售计划，同时制订每月销售计划，掌握销售进度；

2. 协助销售经理共同进行项目组的管理工作，服从上级的安排，竭尽全力做好每一项工作；

3. 定期组织汇报销售情况，编制销售报表，报送经理；

4. 每日确认各业务员当日业绩；

5. 根据销售计划，参与制定和调整销售方案(策略)，并负责具体销售方案的实施；

6. 负责组织销售人员及时总结交流销售经验，加强业务修养，不断提高业务水平；

7. 销售现场日常管理工作；

8. 根据公司规定，定期对业务员进行考核；

9. 组织销售培训，支持员工对新的工作方法或流程的实践；

10. 完成销售经理交办的临时性任务。

任职资格

学历要求：

◆ 市场营销相关专业本科以上学历。

培训经历：

◆ 受过市场营销管理、销售流程与操作技巧等方面的培训。

经验：

◆ 3 年以上相关工作经验。

技能技巧：

◆ 了解与销售相关的政策法规；

◆ 熟悉国内外产品的市场销售动态；

◆ 具备市场营销、企业管理等方面的知识；

◆ 熟练使用相关办公软件。

能力素质：

◆ 具有良好的沟通能力、应变能力，敏锐的市场观察力、分析力、判断力；

◆ 具有较强的进取心、开拓意识。

工作联系

上级：销售部经理

同级：各区域销售主管

下级：销售专员

外部：客户

编写日期：2017-07-20　　　　　　　　编写：人力资源部

　　首先，经过工作分析，牛伊斯特国际贸易有限公司了解到公司前期组织的职能机构功能不清、岗位职责不明，致使公司内部的员工不知道在其职位上应该做什么，公司自然也不能准确合理地对员工建立评价标准。其次，公司管理人员一致认为此次工作分析将对公司的薪酬结构产生重大意义，公司需要更加充分地考虑和利用工作分析中对岗位任职资格的要求，科学地标注每一级别的能力素质要求，建立客观的评价标准，最大化提升薪酬对员工的激励作用；而核心人才员工作为牛伊斯特国际贸易有限公司维持核心竞争力的关键，公司越来越清醒地认识到培训是企业发展不可忽视的"人本投资"，也是提高企业"造血功能"的根本途径。对于即将展开的招聘工作，公司也变得更有底气，招聘人员更能清晰地认识工作本身，概括出适合工作人选的特征要求，以达到更好的招聘效果。随着内部人力资源管理问题的一步步解决，牛伊斯特国际贸易有限公司将携员工再次走向辉煌！